JN074395

# 最新 生産工場のDX［デジタルトランスフォーメーション］がよ～くわかる本

## デジタル変革推進のための知識と実践

### ［第2版］

株式会社戦略情報センター
POP研究所

山口 俊之 著

秀和システム

# はじめに

　本書はおかげさまでご好評いただき、改訂して引き続き出版することになりました。

　現実の生産工場では、「DXはまだ敷居が高く取り組めない」とか、逆に「変革する余地がまだあるのか」など、DXの着手に戸惑っているように見えます。そこで今回の改訂に当たり、第4章「DXのアプローチ」を追加することで、戸惑いが軽くなるように配慮しました。

　DX（デジタル変革）は、新しいテクノロジーであるIoT（モノのインターネット）やAI（人工知能）を用いて戦略的にデータを活用することによって、企業の根本的な変革を実施して、競争の優位性を達成しようとするものです。

　このDXについて、デジタル化さえすれば変革が起こると考えるむきもありますが、デジタル化は単に新しいツール（道具）に過ぎません。情報ツールで得られた新たなデータによって見えるようになった実態を変革して、企業（または工場）の競争の優位性を達成させることが重要です。

　工場にはまだ見えていない実態、または見たことのない実態が多く残されています。こうした実態を新たなデータで見えるようにすれば、新しい課題が見つかります。この課題を変革すれば、大きな増益または生産性の向上が達成できるに違いありません。

　ところで、この時代の潮流に乗って、工場のDX（デジタル変革）に取り組もうとしたときに、IoTやAI技術は修得できたとしても、「工場の本質は何か」「明日の工場のあるべき姿は何か」という知識がなくては、工場の変革はできないことに気付くことになります。

　たとえば、日本語の「管理」という言葉はきわめて大きな概念を包含しており、このために混乱や誤解をもたらしている面もあると思われます。

　そこで、日本語の管理の言葉を英語に訳してみれば、"Management" と "Control" の2つの言葉があることがわかります。経営管理、人事管理、資産管理、財務管理、原価管理（マクロ原価管理）などはマネジメントであり、生産管理、品質管理、実績原価管理などはコントロールです。そして、マネジメントであれば、経営資源（ヒト・モノ・カネ・ジョウホウ）を活用して利益または企業価値を最大にするようにマネジメント・サイクルを回して行うようにします。また、コントロールであれば、Plan, Do, Check, Actionのコントロール・サイクルを回して行えばよいことに

なり、このことを知識として知っていれば、正しい経営と管理ができることになります。

　著者は1984年にPOP（Point Of Production：生産時点情報管理）の概念を創案して発表するとともに、その後の約36年間でPOPシステムによって工場現場の情報化、デジタル化を全国1,300以上の工場で実現してきました。そして直近の15年間は、POPシステムの構築支援のみならず、POPシステムから得られるデータや情報を使って、工場経営の革新や現場改善の推進をお手伝いしてきました。

　このような経験は、著者に工場現場からの目線で工場の経営と管理を見つめるという好機をいただくことになったばかりか、工場の本質の知識を探究するのに役立ちました。2015年になって知られるようになったIoT（モノのインターネット）の概念は、実態把握においてPOPの概念とほとんど同じで、ただPOPはその適用範囲が工場に限定されるところが異なるだけです。したがって、工場のDXにおいてはこれまでのPOPの経験を役立てることができると思われます。

　そこで、本書ではDX（デジタル変革）に必要な工場の本質的な知識を、第1章から第3章までの30の知識にまとめて示して、知識の整理に役立てていただくようにしました。第4章では、工場DXのアプローチとしてデータを駆使する変革について、第5章では確かなDXの進め方について述べています。そして、第6章から第10章では、工場の変革を待っていると思われるDXについて、次の5つのテーマとして取り上げることにしました。

> テーマ1：製造現場の情報化変革（第6章）
> テーマ2：コストダウンと改善の変革（第7章）
> テーマ3：DQCコントロール管理の高度化（第8章）
> テーマ4：マネジメント管理の革新（第9章）
> テーマ5：保全業務の変革（第10章）

　各テーマの変革を実現するためのIoTシステムやAIシステムを構想して、これを活用して変革を推進する工場の新しい姿を描いてみましたので、ご共感をいただけたら幸いです。

2023年7月　　山口俊之

# 図解入門ビジネス
# 最新 生産工場のDXが
# よ～くわかる本 [第2版]

## CONTENTS

はじめに ................................................................................................................2

### 第1章 工場の本質的知識──DX推進のための知識①

1-1 工場経営管理には5つの知識が必要 ..............................................................10

1-2 製造業の利益は3つある .................................................................................13

1-3 工場は「モノづくりの場」と同時に「管理の場」でもある .......................16

1-4 工場の管理にはマネジメント管理とコントロール管理がある ...................18

1-5 製品の生産には受注生産と仕込み生産がある ............................................21

1-6 消費者の需要は変わる ...................................................................................24

1-7 需要が変われば、モノづくりも変わる ........................................................27

1-8 情報技術によって管理が変わる ...................................................................30

1-9 多品種・小ロット・短期間生産は製造現場を変貌させる ..........................33

1-10 多品種・小ロット・短期間生産の改善は行き詰まりを見せる ...................35

1-11 多品種・小ロット・短期間生産は外乱の嵐の中で行われる .......................38

1-12 工場は変革し続けないと生き残れない ........................................................41

1-13 工場はカネの前払いである ...........................................................................44

1-14 生産は時間とともにある ...............................................................................46

1-15 クレームはある確率で発生する ...................................................................49

1-16 「工場が輝くとき」はどんなときか ............................................................52

## 第2章 コントロール管理の知識——DX推進のための知識②

2-1 コントロール管理とはPDCAを回すこと .................................................. 58

＜生産コントロール管理＞

2-2 生産管理は納期を守るための3つのコントロール機能 .................................. 61

2-3 在庫はカネが支払われた証である .................................................. 63

2-4 調達管理とは業者をコントロールすること .......................................... 66

2-5 進捗のコントロールができれば納期は守られる ...................................... 68

＜品質コントロール管理＞

2-6 品質管理は「顧客不満足の解消から顧客満足の追求へ」展開中 .............. 71

2-7 まだ達成できてない品質管理の課題がある .......................................... 74

＜原価コントロール管理＞

2-8 原価コントロール管理でコストダウンする .......................................... 76

2-9 個別実績原価はバラツク .......................................................... 80


## 第3章 マネジメント管理の知識——DX推進のための知識③

3-1 製造業の企業戦略と工場経営戦略 .................................................. 84

3-2 工場経営とは環境適応性の追求である .............................................. 87

3-3 工場経営の課題はミクロの情報の中に潜む .......................................... 90

3-4 ヒト資源は目標によって動く ...................................................... 93

3-5 モノ資源を保全して働かせる ...................................................... 96


## 第4章 工場DXのアプローチ——DX推進のための知識④

4-1 新たなデータで見える実態 ........................................................ 100

4-2 見えていない真の実態 ............................................................ 104

4-3　データを駆使したDX（デジタル変革）........................................ 107

## 第5章 確かなDXの進め方—DX推進のための知識⑤

5-1　DXの定義と変革推進者の役割 ........................................ 110

5-2　新しいテクノロジー「IoT技術」と「AI技術」........................................ 112

5-3　確かなDXの進め方 ........................................ 115

5-4　工場の課題の抽出 ........................................ 117

5-5　工場の経営戦略の策定 ........................................ 120

5-6　DXの変革推進のビジョン ........................................ 123

5-7　IoT、AIシステムの構築 ........................................ 126

5-8　データの活用で変革の推進 ........................................ 129

## 第6章 製造現場の情報化変革—DX化のテーマ①

6-1　製造現場の情報化の推進 ........................................ 132

6-2　製造現場の事務工数をゼロ化 ........................................ 138

6-3　現場リーダー業務の情報支援を実現 ........................................ 142

## 第7章 コストダウンと改善の変革—DX化のテーマ②

7-1　IoTによる新しいコストダウンと改善で第3の利益の獲得 ........................................ 148

7-2　作業工数を自動採取して工数原価をコストダウン ........................................ 151

7-3　個別実績原価原単位を自動採取してコストダウン ........................................ 154

7-4　設備総合効率で機械を徹底活用 ........................................ 158

7-5　製造リードタイムの短縮 ........................................ 162

7-6　「生産の仕組みの悪さ」の改善 ........................................ 165

## 第8章 DQC管理の高度化—DX化のテーマ③

8-1 DQCコントロール管理を高度化 ....... 172
8-2 生産計画の高度化 ....... 175
8-3 調達管理と在庫管理の高度化 ....... 179
8-4 工程進捗管理と作業進捗管理の高度化 ....... 181
8-5 品質管理の高度化 ....... 184

## 第9章 マネジメント管理の革新—DX化のテーマ④

9-1 工場経営管理者の情報ニーズ ....... 188
9-2 実績原価がわかれば経営戦略を変えられる ....... 191
9-3 工場の間接業務のBPR（業務革新） ....... 194
9-4 間接業務者の業務の革新 ....... 198

## 第10章 保全業務の変革—DX化のテーマ⑤

10-1 保全の業務の変革 ....... 202
10-2 3つの保全方式 ....... 206
10-3 保全計画の作成 ....... 209
10-4 事後保全のリスクに対応 ....... 212
10-5 予防保全（TBM）の実現 ....... 215
10-6 予知保全（CBM）の追究 ....... 218

おわりに ....... 222
参考文献 ....... 223
索　引 ....... 224

## 【コラム】変革の種

- ・鋳造品工場の稼働率向上 ........................................................ 26
- ・成形加工工場の利益増大 ........................................................ 48
- ・受注生産工場の利益確保 ........................................................ 56
- ・受注生産工場の赤字製番撲滅 ................................................ 119
- ・食品加工工場の不良対策 ........................................................ 141
- ・半導体製造装置組立工場のコストダウン ............................ 164
- ・タイヤ工場のコストダウン .................................................... 170
- ・素材加工工場の資金繰り改善 ................................................ 178
- ・食品加工工場の増益策 ............................................................ 183
- ・仕込み生産工場の製品在庫削減 ............................................ 200
- ・ラミネートフィルム工場の仕掛り在庫削減 ........................ 205
- ・撚線加工工場の省力やりすぎ ................................................ 208
- ・板金加工工場のクレーム件数削減 ........................................ 211
- ・塗装工場の状態保全（CBM） ................................................ 217

# 工場の本質的知識
## ——DX推進のための知識①

　工場のDX（デジタル変革）を進めるためには、「工場とは何か」という本質的な知識が必要です。本章では、需要の変遷とモノづくりの対応といった大局的な知識から、多品種・小ロット・短期間生産による生産性の低落という当面の大きな課題の知識、そして今も発展し続ける情報技術を戦略的に活用する知識まで、幅広い知識について述べます。

# 1-1
# 工場経営管理には
# 5つの知識が必要

工場経営管理者は、「工場の本質の知識」「モノづくりの知識」「コントロール管理の知識」「経営マネジメント管理の知識」、そして「工場の戦略的情報活用の知識」が不可欠です。

## ▶▶ 工場の本質の知識

工場経営管理者は、製造業の利益、工場管理の意味、需要とモノづくりとの関係、そして受注生産と仕込み生産の違いなど、基本的な知識を知っておかなければなりません。

また、「工場とは何か」「工場の管理とは何か」「工場のキャッシュ・フローはどうなっているのか」、そして「工場にその能力を最大限発揮させるための工場の生産性を上げるにはどうすればよいのか」という、工場の本質の知識も必要です。

## ▶▶ モノづくりの知識

「モノづくりの知識」がなければなりません。原材料の種類や特性、製造工程と製造条件、工程ごとの必要技術や技能、品質を左右する工程や技術、各工程の作業内容や自動化の可否などの知識が必要です。

このうち重要なものに**自動化技術**の知識と、自動化機械設備の知識があります。モノづくりは、自動化技術の進展を糧にして急速に生産性を高め、コストダウンにも寄与してきました。自動化機械設備の性能は飛躍的に向上しつつあり、最新鋭の機械とその性能を常時見極めていないと取り残されかねません。ただし自動化技術にも陰りが見えてきていて、多品種・小ロット・短期間生産の生産性低落には、何ら貢献できていない実状があります。

しかしながら、それぞれの工場はモノづくりのための独自の技術やノウハウを有しているため、モノづくりの知識については本書では触れません。

10

## ▶▶ コントロール管理の知識

工場経営者は「納期と品質と原価を管理する知識」も必要です。

**納期**（D）を守るために、「生産管理（材料調達、在庫、工程進捗のコントロール）の知識」が必要です。また、作るたびにばらつく**品質**（Q）を規格内に収めるために、「品質管理（品質のコントロール）の知識」が必要です。そして**実績原価**（C）を低く抑えて作るために、「実績原価管理（コストのコントロール）の知識」が必要です。

## ▶▶ 経営マネジメント管理の知識

一般の企業の経営者であっても製造業の経営者であっても、ヒト、モノ、カネ、ジョウホウの4つの**経営資源**＊を活用して企業の利益と価値の最大化を図らなければなりませんが、そのための「経営マネジメント管理の知識」が必要です。

たとえば、**ヒト資源**の活用をする人事管理においては、人材の能力活用や適材適所な配置などによって、業績の達成と利益追求を期することになります。

また、**モノ資源**の活用をする資産管理においては、機械、設備、土地、建物などの資産を有効活用して、業績を上げることもやらなければなりません。

さらに、**カネ資源**の活用においては、カネの調達、資金繰り、運用、投資、決算など会計、経理によって、カネの有効活用を図らなければなりません。

そして、**ジョウホウ（情報）資源**の活用をすることで経営戦略を練り、業務の情報革新を行って、利益の追求や経営管理の合理化を行うことも忘れてはなりません。

## ▶▶ 工場の戦略的情報活用の知識

DX（デジタル変革）が言われています。**IoT**（モノのインターネット）や**AI**（人工知能）などの新しいテクノロジーと**ICT**（情報技術）の技術を用いて企業活動の変革を行って生き残っていこうとするもので、究極のジョウホウ資源の活用とも言えます。

具体的には、IoTの活用によってデータのインプットから解放されて、濃密でリアルタイムな情報の活用が可能になるので、現場リーダーや作業者の情報支援、

----

＊**経営資源**：企業の成長を支えるヒト、モノ、カネ、ジョウホウの総称。

そして今までは不可能とされていたムリ・ムラ・ムダの改善やコストダウンの実現まで情報活用が広がっていくことになります。また、コントロール管理においては、生産管理、品質管理、実績原価管理の高度化を進めなければなりません。そして、情報システムのさらなる充実と活用によって、工場の経営マネジメント管理において戦略的な情報の活用を図らなければなりません。

　したがって、この戦略的情報活用の知識なしに、今後の工場の経営管理はできなくなってきています。

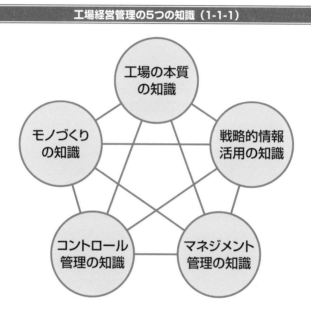

**工場経営管理の5つの知識（1-1-1）**

# 1-2

# 製造業の利益は3つある

製造業の第1の利益は営業利益です。第2の利益は直接費を圧縮して得られる利益です。第3の利益は管理利益です。第3の利益は、DX（デジタル変革）において追求の標的になるものです。

## ▶▶ 第1の利益

製造業の**第1の利益**は、売価と製造原価との差の利益（**営業利益**）です。売価はメーカー側で勝手に決めることはできません。売価は市場で決まるか、取引相手との力関係で決まります。また、売価は同業他者との競争によって、長い期間でみると必ず低落傾向になります。したがって、もし製造原価が一定であれば、営業利益は年々得られなくなっていくことになります。

## ▶▶ 第2の利益

製造業の**第2の利益**は、**製造原価**<sup>＊</sup>のうちの**直接費**を圧縮して得られる利益です。具体的には**VA**（Value Analysis：価値解析）、**IE**（Industry Engineering：産業技術）、そして**自動化・省力化**によって、直接費（直接原材料費、直接工数）を圧縮して得られる利益です。

VA（価値解析）は、従来からいわゆるコストダウンとして取り組まれてきたもので、製品の開発設計段階から製品の価値に見合う原材料になっているか、複雑な手間のかかる工程や作り方になっていないか、要求の性能や品質を満たすものになっているかを解析的に見直す改善手法です。また、IE（産業技術）は、モノづくり現場のワーク（加工対象物）の流れ、作業者の動線や動作の合理性、そして機械設備の効率などについて、科学的なデータを収集して評価する改善手法です。そして自動化・省力化は、直接工数を削減するために、人手をかけずにモノづくりするように改善するものです。このような改善によって直接費を圧縮できれば、利益がもたらされます。

───────────

＊**製造原価**：製造原価は直接費と製造間接費から成り、直接費は直接原材料費と直接工数から構成される。

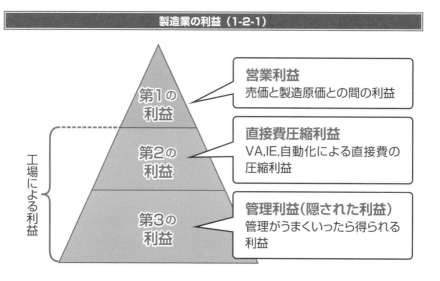

製造業の利益（1-2-1）

第1の利益
営業利益
売価と製造原価との間の利益

第2の利益
直接費圧縮利益
VA,IE,自動化による直接費の圧縮利益

第3の利益
管理利益（隠された利益）
管理がうまくいったら得られる利益

工場による利益

## ▶▶ 第3の利益

　製造業の**第3の利益**は、管理がうまくいったら得られる**管理利益**です。生産管理がうまくいって、最小の在庫で納期遅れなしに納入できれば、利益が得られます。原価管理がうまくいって、目標原価以下の実績原価でものづくりできれば、利益が得られます。品質管理がうまくいって、歩留りよくものづくりできれば、利益が得られます。

　第3の利益は、生産現場の**ムリ・ムラ・ムダ**のところに隠されていて、生産現場に潜むムリ・ムラ・ムダを解消できれば利益になるものです。ムリとは、飛び込み、割り込み、特急といった仕事を生産現場に強いるもので、これをやれば生産現場の生産性は極端に悪くなります。ムラとは、モノづくりの作るたびごとの品質のバラツキ、原価のバラツキ、工数のバラツキのことで、このバラツキを低く抑えることができれば、大きな利益になります。そしてムダとは、ロスのことで、製造現場においては時間のロス、材料のロス、不良のロスなどがあり、これらのロスを抑えてモノづくりできれば、利益が得られます。

　工場のDX（デジタル変革）においては、ムリ・ムラ・ムダのように見えていないが悪い実態をデータで顕在化させて、これを変革できれば、第3の利益を獲得

できます。

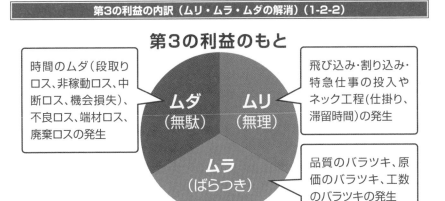

第3の利益の内訳（ムリ・ムラ・ムダの解消）（1-2-2）

**第3の利益のもと**

時間のムダ（段取り
ロス、非稼動ロス、中
断ロス、機会損失）、
不良ロス、端材ロス、
廃棄ロスの発生 → **ムダ**（無駄）

飛び込み・割り込み・
特急仕事の投入や
ネック工程（仕掛り、
滞留時間）の発生 → **ムリ**（無理）

品質のバラツキ、原
価のバラツキ、工数
のバラツキの発生 → **ムラ**（ばらつき）

## ▶▶ 利益追求の変遷

　第1の利益は、営業力によって圧倒的な市場占拠率が得られたときや、画期的な新製品による市場先行が許されたときに一時的に得られるものです。時間が経って他社との競争が始まると、徐々にこの利益は得られなくなっていきます。

　第2の利益は、少品種・大量生産時代に取り組まれてきたものです。VA、IE、自動化・省力化によって、直接費を圧縮することで、絶大な利益を得ることができたわけです。しかし多品種・小ロット・短期間生産の時代に入ってくると、自動化・省力化は行き詰まり、むしろヒトの融通性に頼らざるを得ないようにさえなってきています。

　多品種・小ロット・短期間生産においても利益を出し続けなければなりませんから、第3の利益（管理利益）の追求が急務になっています。第3の利益を獲得ができる工場しか、生き残ることができない時代に入っています。

# 1-3
# 工場は「モノづくりの場」と同時に「管理の場」でもある

工場が「モノづくりの場」であることは自明です。しかし製品の需要者はただ単に製品が欲しいわけではなく、契約した納期、価格、および品質を満たした製品を要求しているのです。したがって工場は、納期を守り、顧客の満足する品質にして、原価を低く抑えた製品を作って納める「管理の場」でもあります。

## ▶▶ モノづくりの場

工場が製品づくりの場であることは説明を要しないでしょう。製品というのは芸術品や工芸品と異なります。寸法、形状、性能、特性に対して規格（仕様）があって、その規格（仕様）に合った均質性を持ったものでなければ製品とは言えません。

このような製品を作るために、それぞれの工場は、特異なまたは伝統として磨かれた**製造技術**\*を持って対応してきています。

一方で、モノづくりは自動化の技術進展によって大きく変わり、特に部品加工の工場では機械による自動加工が一般的に行われていて、作業者は材料とワーク（製造対象物）の着脱および段取り替えのためにいるようになっています。そして、作業者の人手によるモノづくりは、受注生産の工場の組立工程や、仕込み生産の工場の特殊な工程でしか見ることができないようになってきています。

## ▶▶ 管理の場

工場は管理の場でもあります。製品のユーザーは納期と品質と原価の3つを満たさなければ買ってくれないので、工場ではこの3つの要求に応え続けなければならないのです。

**納期**を守るように管理することを「生産管理」といい、以下の3つの管理がなされなければなりません。

---

\***製造技術**：より深い要素に入り込んでモノを作る技術のこと。

①モノづくりにかかる直前の日限までに、原材料を調達するように管理する。

②調達期間の長い原材料や部品に対して、製品を短期間で納入しなければならないものは、在庫を持って対応することになるので、在庫を管理する。

③工程間同期計画の日限に対して、製造の工程進捗を管理して、納期に間に合わせるようにする。

**品質**は作るたびにばらつくので、品質がいつも規格内に入るように管理することを「品質管理」と呼んでいます。

**実績原価**が目標原価以内になるように管理することを「実績原価管理（個別実績原価管理）」と呼んでいます。

これらDQCの管理は、3つとも同時に満たされなければなりません。納期に間に合わせるために、たくさんの人手をかけて原価を上げる、または原価を低く抑えるために、品質を犠牲にするようなことをしてはならないというのが鉄則です。

そして工場は、製品が変わり、モノづくりが変わり、工場を囲む環境が変わる中で、上記のDQCの管理も絶えず改善して行かないと、淘汰にさらされることになります。

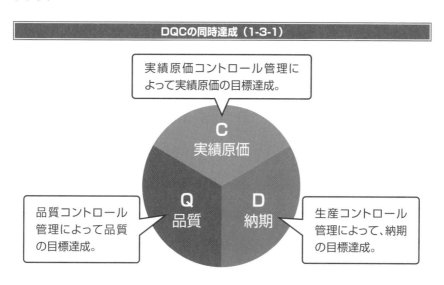

DQCの同時達成（1-3-1）

実績原価コントロール管理によって実績原価の目標達成。

C 実績原価

Q 品質

D 納期

品質コントロール管理によって品質の目標達成。

生産コントロール管理によって、納期の目標達成。

# 1-4
# 工場の管理にはマネジメント管理とコントロール管理がある

マネジメント管理は、経営資源（ヒト、モノ、カネ、情報）を活用して業績（利益）を上げる経営管理であり、コントロール管理は、納期、品質、実績原価の実態を目標に近づける管理です。

## ▶▶ 管理の概念

日本語の「管理」という言葉は、経営管理や人事管理というときの管理と、生産管理や品質管理というときの管理があり、広い概念を持っています。その結果として、目的や管理の仕方があいまいになっている面があります。

英語では、経営管理は**マネジメント**（Management）という言葉があり、生産管理や品質管理は**コントロール**（Control）という言葉があって、明確に区別して用いられています。

## ▶▶ マネジメント管理

英語の"マネジメント"の原意は「支配すること」とされており、これから「統治する」「経営管理する」などの意味を持つようになったようです。

経営管理で用いる**マネジメント・サイクル**では、経営計画を立て、組織を作って、**指揮命令系統**\*等を明確にして、業績を評価して対策することとしています。

したがって、マネジメント管理では、経営資源のヒト、モノ、カネ、情報を運用し活用をして、業績（利益）を上げる、または企業価値を上げるようにマネジメント・サイクルを回すようにしなくてはなりません。

もし、業績が上がらないような場合には、経営資源（ヒト、モノ、カネ、情報）を自由に取り替えることがあるし、マネジメント・サイクル（計画、組織、指揮、対策）の内容そのものを変えることがあります。

マネジメント管理がなされる具体的な工場経営における業務は、人事管理、労務管理、資産管理、会計経理、経営企画などです。要するに、ヒト、モノ、カネ、ジョ

---

\***指揮命令系統**：組織の上下関係において、誰に命令し誰に報告するのかのつながり。

18

ウホウという経営資源に関する経営管理が該当します。

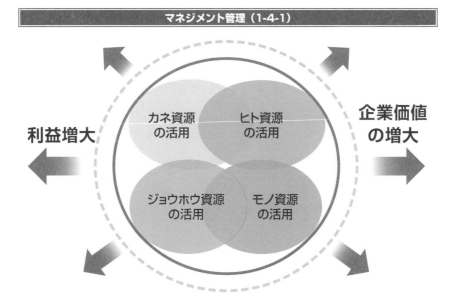

## ▶▶ コントロール管理

　英語の“コントロール”の原意は「取り締まること」とされており、そこから「統制する」「制御する」などの意味を持つようになったようです。

　生産管理はプロダクション・アンド・インヴェントリー・コントロール（Production & Inventory Control）であり、生産と在庫のコントロールを意味していて、最終的に納期（Delivery）を守るためのコントロールです。

　品質管理はクオリティ・コントロール（Quality Control）です。品質はつくるたびごとにばらつくので、このバラつきが規格内に入るように品質をコントロールすることを意味しています。

　原価管理はコスト・マネジメントとコスト・コントロールがあり、工場における原価管理ではコスト・コントロール（Cost Control）を行って、実績原価を目標原価になるようにコントロールすることを意味しています。

　**コントロール・サイクル**は、旧知の**PDCA**（Plan, Do, Check, Action）を

回すことになります。

①**Plan**：目標を定める。管理のコントロール目標値を決めなければならない。

②**Do**：実行する。実際やってみて、その結果の実績値を知る。

③**Check**：評価する。Pの目標値とDの実行した結果の実績値を比べて評価する。

④**Action**：対策する。評価のサイクルで、良い評価が得られなかったときは、対策しなければならない。対策というのは、③の評価を目標に近づく方へ導くようにするものである。

## マネジメント・サイクルとコントロール・サイクル（1-4-2）

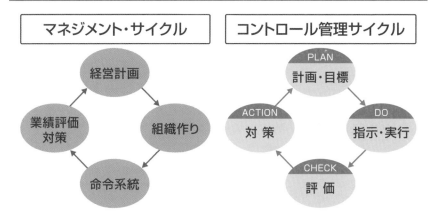

# 1-5
# 製品の生産には受注生産と仕込み生産がある

受注生産は、顧客の要求仕様に合わせた機械や設備製品などの製品を、顧客の注文を受けてから生産するものです。仕込み生産は、自動車や家庭電器製品などの製品を、顧客の需要を予測してメーカーのリスクで一定量（ロット）をまとめて作り置きするものです。

## ▶▶ 生産方式による業務の違い

受注生産の場合と仕込み生産の場合で、製造業の業務内容には違いが出てきます。その違いの知識があれば、あるべき業務の内容が明確になり、組織編成や業務評価に役立つので重要です。

## ▶▶ 受注生産

**受注生産**の場合は、工場へ生産指令される前の営業段階が重要です。顧客の要求仕様を理解して、仕様を満たす製品を作れる技術があることを納品仕様書にして提出します。同時に見積りをして顧客に提出しなければなりませんが、このとき製造原価の購入品や外注品の見積りが狂うことはまずありませんが、工数原価の見積りは工場の実力がわかっていないと、見積り違いが発生し得るので要注意です。このように受注生産の場合は、営業が受注するまでに、**営業技術**\*の業務が重要な役割を担っています。

当該案件が受注できたら、営業は工場に対して、**製造番号**（製番）に納品仕様書と納期と希望製造原価（仕切り価格）を付けて生産を指令します。

工場側では、生産管理が生産計画を作り、その計画に基づいて、まず設計に生産設計を行わせて、図面と**部品表**を作って、計画日限までに出図させるようにします。

次に、生産管理は、部品表から外部調達のものを発注し、在庫品の不足分も発注して、日限までに入荷検品し生産準備をします。さらに、生産管理は製造現場に

---

\* **営業技術**：営業を技術的に支援する業務で、仕様の解読、仕様打合せ、製造原価の見積り、保守サービス等を支援する。

対して、**負荷平準化計画**をつくって、製造現場の負荷の山谷を作らないようにします。そして**工程間同期計画**によって、それぞれの工程の日限を決めて製造現場に指令し、その後は**工程進捗**を把握しながら、日限が守られるようにコントロールします。

　製造現場は、工程日限の指令を受けて、そして希望製造原価（仕切り価格）に沿って製造するために、工程の日限を守りながら、かつ工程ごとの目標工数を意識しながら、加工や組立て作業を行います。

　現場のリーダーは、**差し立て計画**を作り、工程の作業進捗を把握して、差し立て計画を守るようにコントロールしなければなりません。また、工程内の品質が規定値内になるように、さらに日々の作業の実績工数を把握して目標工数以内になるように、コントロールしなければなりません。製造現場に納期（D）と品質（Q）と原価（C）に異常が発生したら、即断即決で対応するとともに、報告、連絡、相談（報・連・相）をして対策しなければなりません。

　工場で製品が完成したら、これを営業に引き渡して、営業はこれを顧客へ届け検収を受けて売り上げを上げます。

　最後に工場では、当該製造番号の希望製造原価（仕切り価格）と実績原価を比較して、その損益（製番損益）を見て反省しなければなりません。この**製番損益**が赤字の場合は、その原因を追究し、再発防止の対策をしなければなりません。

## ▶▶ 仕込み生産（ロット生産）

　**仕込み生産**の製品については、その**開発や販売のリスク***をメーカー側が負うことになります。そのために、製品開発と需要予測が重要であり、市場の需要動向把握とユーザーのニーズ把握が不可欠です。製品開発に当たっては、その製品の市場における需要動向を見て、かつ製品ユーザーのニーズを掘り下げた上で、従来製品より機能、性能、デザイン（見栄え）、取扱いのいずれかで新たな特徴を出せるかを追究しなければなりません。

　次に、営業は、当該新製品の需要予測をして、その予測に基づいて販売計画を立て、仕込み数（ロット数）を決めて**ロット番号**を付けて工場へ指令します。

　仕込み生産においては、製品在庫の在庫管理は営業の業務とする場合が一般的で、製品在庫の管理を工場側に押しつけると、工場のカネの前払いが増加するば

---

＊**開発や販売のリスク**：開発を成功させるまでの労苦と費用が水泡になる危機。また販売して売れなかったときの損失の危機。

かりか、営業の販売リスク放棄が発生するので要注意です。

　工場は、仕込み生産の製品については、品質の安定と原価の低減に注力しなければなりません。工場では、製品ごとに指令される仕込み数を守って生産しますが、ここでも生産管理は負荷平準化計画（山積み、山崩しの計画）を作り、ロットの生産計画を作って、製造現場に指令します。そして、資材所要量計画（MRP）をして原材料や部品を調達し、調達リードタイムのかかる部品や材料は在庫をして必要量が材料在庫されるようにしておかなければなりません。

　最近の動向では、あらゆる製品が多様性需要にあって、工場は多品種・小ロット・短期間生産を強いられる傾向にあります。この多品種・小ロット・短期間生産の課題を解決するには、「情報の活用」以外にはなく、第5章～第9章で詳述します。

　最後に、**個別実績原価管理**によって**ロットの損益**を明確にして、赤字ロットの絶滅を目指して対策しなければなりません。

## 受注生産と仕込み生産の業務（1-5-1）

| 【受注生産】 | 【仕込み生産】 |
| --- | --- |
| 仕様打合せ | 需要・販売予測 |
| 設計業務 | 開発設計業務 |
| 製造技術業務 | 生産計画業務 |
| 生産管理業務 | 生産管理業務 |
| モノづくり業務 | モノづくり業務 |
| 試験検査業務 | 試験検査業務 |

# 消費者の需要は変わる

消費者の需要にはトレンド（潮流）があり、マニア需要者、先行的需要者、一般需要者、そして多様性需要者のように移り変わります。そして、最終的に嗜好性需要者まで行き着くことになります。

## ▶▶ 需要のトレンド（潮流）

消費者の**需要**\*のトレンドは、時代の大きな流れにおいても、製品の発明から始まる需要展開の流れにおいても一貫しています。

### ①マニア需要者

最初に画期的な発明的製品が開発され、新製品として需要者に示されると、一部の「マニア需要者」が希少価値を求めて買って、使って見せてくれます。

マニア需要者の場合は、自分でモノづくりして、自分で使って楽しむ人もいて、需要者と生産者を兼ねることもあります。

### ②先行的需要者

次に、マニア需要者を見ていた「先行的需要者」が動き出し、高価であっても自身の価値観に見合えば、買ってくれるようになります。

都市部の新しいもの好きな富裕層や、村や町の一番の初モノ使用自慢者などが先行的需要者にあたります。先行的需要者によって、製品の価値評価がなされます。

### ③一般需要者

そして、先行的需要者の製品が売れそうだとの感触をつかんだメーカーは、普及型の低価格品を企画し、大量生産に乗り出します。これによって価格が下がれば、「一般需要者」が動き出し、先行的需要者に追いつくように買って使い始めます。

次に、メーカーは機能や性能を更新しながら、さらに価格を下げた新製品を出

---

\***需要**：商品を購入しようとする欲求。

して需要を刺激します。このようにして一家に一台の普及へ広がるまで、需要は一気に膨らみます。

### ④多様性需要者

ひとわたり一般需要者に普及が進めば、利便性よりも多様性を強めていくことになります。すなわち、一家に一台から普及が進み、一人一台に近づくにつれて、他人との差別化が意識されるようになって、需要の多様性を引き出していくことになります。

「多様性需要者」に応えるべく、多様な機能やオプションに対応する技術革新がなされれば、需要の多様性をさらに促進させることになります。

### ⑤嗜好性需要者

そして究極の需要は、一人一人の好みに合った自分だけの製品（オーダーメイド品）を使いたいという「嗜好性需要者」のところまで行き着くことになるでしょう。

たとえば、既製服と同じ値段以下でオーダーメイドの服が買えるのであれば、オーダーメイドを希望する人は多いはずです。

## ▶▶ 乗用車の需要の歴史

このような需要のトレンドは、自動車や家電製品の普及の過程で見ることができるし、歴史的にも見ることができます。

たとえば、乗用車の歴史では、開発された当初は発明者やマニア需要者のものであったものが、徐々に先行的需要者である都市部の富裕層が買い始め、そして普及型のものが売り出されると一般需要者が競って買うようになって、3C（カー、クーラー、カラーテレビ）時代という時代現象まで引き起こしました。その結果、乗用車は一家に一台といわれるように需要が広がっていったのです。

しかし、今や都市部よりも地方では一人一台の時代を迎えており、需要者の多様性に合わせるべく多様な車が必要になっています。セダンよりもワゴンやRVが多くなり、軽自動車もラインアップに加えて、さらに各人の希望する色やオプションを用意することで、需要者の多様性に応えるようにしています。

今後もこの需要の多様性は際限なく広がっていくに違いありません。そして最

終的には、一人一人の好みにあった自分だけの車に乗りたいという嗜好性需要者のところまで行き着くことになるでしょう。

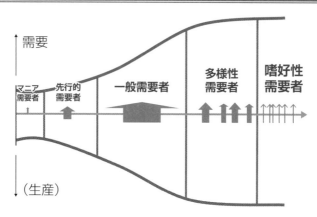

**需要の変遷（1-6-1）**

## 鋳造品工場の稼働率向上──変革の種①

　　Q工場は、自動車部品の鋳造品を作る工場です。鋳造ラインで作られた鋳造品は、10台以上あるプレス機械でバリ取りされます。

　　このプレス機械の稼働率を上げて増産投資を抑えようとの目的で、稼働管理システムを導入しました。そして、非稼働パレート図で分析したところ、思いもよらない「チャージ段取り」が、非稼働理由のトップでした。チャージ段取りとは、バリ取りが終わった鋳造品を入れる金網の籠がいっぱいになると、これをフォークリフトの通路まで引きずって行って置いて、新しい籠をプレス機械のそばまで運んでくる段取りのことです。チャージ段取り自体は1分もかからない非稼働時間ですが、しかし数分ごとに繰り返されるために、プレス機械のトップの非稼働理由になっていたのです。これは、現場リーダーも作業者も思いもよらなかったことでした。

　　これがわかったので、レイアウトを変更するとともに、籠をターンテーブル上で回転させるように変更しました。そうしたところ、チャージ段取りの短縮によって、全部のプレス機械の平均稼働率が10%以上向上しました。

# 1-7
# 需要が変われば、モノづくりも変わる

マニア需要者には手作りで、先行的需要者には専用機械の加工と手組みで、一般需要者へは大量生産のモノづくりと自動化モノづくりで対応してきました。しかし、多様性需要に対しての多品種・小ロット・短期間生産では、生産性の悪化を未だに停められないでいます。

## ▶▶ モノづくりの変遷

1-6節で述べたように、需要が多様性へと移り変わっていくにつれて、モノづくりも変遷せざるを得ませんでした。

### ①大量生産までのモノづくり

**マニア需要者**には、開発試作的な手作りのものづくりによって供給されますが、やがて**先行的需要者**が現れると、専用の機械で加工した部品を集めて一台ごとに組み立てるものづくりが行われて供給されるようになります。そして、**一般需要者**へ普及し始めると、安価な普及品を大量に供給するために、大量生産のモノづくりが行われるようになります。たとえば、金型を用いて大量に加工し、また加工性の良いプラスティック等の材料に換えて加工する方法を用いるとともに、長いコンベアに沿って配置された作業者によって、連続的に組み立てる方式によって大量生産されます。

### ②トヨタ生産システムの登場

ところが、70年代に二度にわたるオイルショックの不況が来ると、それまでの右肩上がりのみの一般需要が変わり始め、好不況の需要の変動に悩まされるようになってきました。大量生産での需要の減退は、たちどころに在庫の山を作ることになりました。この需要の変動に対して、革命的な生産方式で対応したのが、「必要なものを、必要な時に、必要なだけつくる」という**トヨタ生産システム**だったの

です。このトヨタ生産システムのものづくりの考え方は、**ジャスト・イン・タイム**思考として、全世界の自動車メーカーがその思考を取り入れることになりました。

### ③自動化・省力化のモノづくり

80年代のバブル景気においては、一般需要家の旺盛な需要によって生産はピークに達し、人手不足と賃金の高騰のために家庭電器の組立てラインは、東南アジア等の発展途上国へと移されることになりました。そして、国内ではNC（数値制御）工作機械と産業用ロボットとPLC（プログラム制御装置）を縦横に使って自動化・省力化が進められて、第3次生産革命と言われるレベルにまで達しました。

### ④多品種・小ロット・短期間生産へ

90年代に入ると、バブル景気の崩壊と呼応して、**需要の多様性**が目立つようになってきました。需要の多様性は、多品種生産と小ロット生産を工場に強いるようになっていきました。さらに、90年代の半ばには、短期間生産（製品のライフサイクルの短命による生産期間の短期化）にまで追い込まれて、生産性の悪化をより加速させられたのでした。

一方、自動化技術や省力化技術は、多品種・小ロット・短期間生産に対応する画期的な技術（たとえば段取替えの自動化）が開発されないままで、生産性の悪化を止めることには何ら寄与できませんでした。

2000年代に入っても、多品種・小ロット・短期間生産を生産性良くコストを抑えて生産できる革新的モノづくりは、依然として見出されませんでした。

### ⑤考える工場への期待

2010年に入るころから、モノづくりに革新的な技術が芽生えてきました。それは**3次元プリンタ**の技術であり、また**AI**（人工知能）の技術です。3次元プリンタの技術を使った部品加工においては、1個毎に異なる部品を段取り替えなしにつくることができるようになるでしょう、また、AIを装備したロボットによって、1個毎に異なる製品の自動組立てができるようになる可能性が見えてきました。

そして、2015年からドイツにおいて**インダストリー4.0**（**第4次産業革命**）が国家戦略として打ち出されました。2035年までに**嗜好性需要**に対してカスタムメ

イドで1個づくりに応えるべく、マスカスタマイゼーション（個別最適化生産）を
実現することで、オーダーメイドでありながら、安く、早く、良いものが自動的に
作られて顧客に届けられることへの革命に取り組まれることになりました。ここに
提起されたのが**考える工場**の概念です。

　いよいよ需要の最終段階である嗜好性需要に応えるべく、工場は第4次の生産
革命へと乗り出そうとしています。

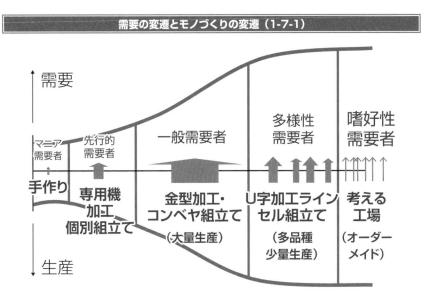

**需要の変遷とモノづくりの変遷（1-7-1）**

# 1-8
# 情報技術によって管理が変わる

コンピュータの利用は、工場の会計から始まり、材料部品の調達、そして生産管理へと進められてきた「情報処理」の時代から、BPR（業務革新）の概念の普及とともに「情報の活用」の時代へと移行してきました。そして今まさに、戦略的な情報活用であるDX（デジタル変革）の時代が始まろうとしています。

## ▶▶ 情報処理の時代（業務機能の自動化）

コンピュータが発明された当初に電子計算機と訳されたように、コンピュータの活用は計算業務の自動化から使われ始めました。

### ①会計業務の情報処理

コンピュータが工場に最初に適用された業務は、会計業務でした。ここでは発生した費用の仕分けと計算が情報処理化されました。しかし、会計業務を担当する人の業務内容のほとんどは変わることがなく、算盤または電卓で行われてきた計算が自動化されたにすぎませんでした。

### ②調達業務の情報処理

次に、コンピュータが適用された業務は、材料や部品の調達業務です。ここでは、**資材所要量計画（MRP）**の計算と発注伝票の発行が情報処理化されました。しかし、調達業務のうち、業者を呼んで価格と納期のネゴをして発注するところは変わることなく、MRPの複雑な計算と手書き伝票が自動化されたにすぎませんでした。

### ③生産管理業務の情報処理

そして、コンピュータが適用された業務が生産管理業務でした。ここでは各工程の能力に見合った分の負荷に平準化する計算の**負荷平準化計画**が情報処理化され、在庫の増減が計算され、工程の生産実績が生産進捗としてわかるようになり

ました。しかし、生産管理業務の大半（調達、在庫、進捗のコントロール管理）は変わることがありませんでした。ただ単に複雑な現場の能力計算と負荷の山積み計算、そして生産実績の集計が自動化されたにすぎませんでした。

## ▶▶ BPR（業務革新）概念の出現

BPR（Business Process Re-engineering：**業務革新**）は、米国のマイケル・ハマー氏とジェイムズ・チャンピー氏等が1993年に刊行された「リエンジニアリング・ザ・コーポレーション」で創案した概念です。

これを要約すると、「BPRとは、業務を根本的に再考し、本来業務ができるように情報技術を用いて、業務を再設計して革新させること」となります。ここで重要なことは2つあり、1つは「現在行われている業務は、本来的なものかどうかを再考せよ」とのことであり、もう1つは「業務に必要な情報が必要なときに提供されれば、業務の速度と精度は革新される」というものです。

この概念の普及とともに、コンピュータの使い方が変わることになりました。

## ▶▶ 情報の活用時代

1990年前後のパソコンがLAN（Local Area Network）でネットワークされるようになったころに開発されたのがCSS（Client Server System）です。これはサーバに収納された各種の台帳情報をクライアント（社員）が共有して利用するシステムです。これによって、業務を行うヒトが必要な情報を必要な時に使えるようにして、業務を情報的に支援できるようになりました。

次に、**グループウェア**が開発されました。これは会議、掲示板、電子メールなど企業内活動として行われる報告、連絡、相談を情報的に支援するものです。

そして、コンピュータとインターネットがグローバルにネットワークされて、企業の基幹業務を統合する**ERP**（Enterprise Resource Planning：**基幹統合**）が開発されました。これは基幹業務間の重複や矛盾を無くし、また業務間のデータの共用を図って業務革新（BPRを具現化）するソフトウェアで、マネジメント管理者が必要な情報の提供を受けて、業務を革新させるものです。

## ▶▶ データの戦略的活用の時代へ

　直近に出現した新技術がAI（Artificial Intelligence：**人工知能**）と**IoT**（Internet Of Things：**モノのインターネット**）です。IoTはセンサーからの情報を自動的に採取し、インターネットを介して収集してビッグデータを作り、このビッグデータを分析解析することで課題解決するものです。IoTによって、コンピュータへの情報のマニュアル・インプットから解放されて、リアルタイムな情報活用とビッグデータの活用ができるようになりました。これらの新技術を使って、業務への新たな情報支援や、新しい改善活動などの戦略的な情報活用を行うことで、企業の変革への挑戦、すなわち**DX**（**デジタル変革**）ができるようになりました。

**工場における情報技術の展開（1-8-1）**

# 1-9
# 多品種・小ロット・短期間生産は製造現場を変貌させる

多様性需要のために、少品種・大量生産から多品種・小ロット・短期間生産への移行は必然です。この生産においては、複雑でダイナミックに変化し、そして品質歩留まりの玉石混交な製造現場を出現させてしまいます。

## ▶▶ 多品種・小ロット・短期間生産の特徴

多様性需要のために、最近の工場の多くで**多品種・小ロット・短期間生産**＊をやらざるを得ないようになっています。

**多品種生産**の製造現場では、品種ごとに異なる工程を流れることがあるので、製造現場の中の**ワーク**（**製造対象物**）の流れは、複雑な様相を見せるようになります。その結果として、工程間滞留や工程同期不一致などが起こり、生産の流れのスムーズさを保つのが困難になり、生産性を悪化させます。

**小ロット生産**においては、品種ごとにロット数は異なり、売れ筋の品種はロット数を大きく、売れない品種はロット数を小さくします。また、品種が増えれば、品種あたりの平均ロット数は小さくなっていく傾向にあります。このように、ロット数が小さくなっていけば、品種ごとの生産時間は短くなり、品種切り替えの段取り回数が増えていくことになります。そして、**段取りの時間**は付加価値を生じないロス時間ですから、段取り回数が増加するということは、生産性を落とすことになります。

また、小ロット生産をある工程の作業者の立場で見ると、段取りをして品種の作業を開始すれば、初めのうち数個は時間がかかります（**立ち上りロス**）が、やがて安定的な速いスピードで作業が進み、作業終了と後始末をして、次の段取りへという作業の繰り返しになります。この繰り返しが、小ロットの場合は安定的なスピードで作業する時間が短くなり、極端に小さいロットでは立ち上りロスの時間領域で作業終了になる場合もあります。このように、工程内の作業で見ると、段取りから始まるダイナミックな作業の切替え変動が生じていることがわかります。

---

＊**多品種・小ロット・短期間生産**：多品種生産は多品種のものを生産すること。小ロット生産は品種ごとにロット数を変えて生産すること、またロット数が小さくなる傾向にあること。そして短期間生産はある品種の生産開始から生産打ち切りまでの期間が短期間な生産のこと。

　さらに**短期間生産**では、昨日まで作っていた品種は今日からは作ることなく、昨日にはなかった品種のものを、今日から作り始めることになります。そして、品種の作り初めから作り終わりまでの期間が短期間になっていくものです。品種の作り初めにはいろいろな課題があり、この課題をつぶして歩留まりよく早く作れるようになるまでには日数がかかり、このことが生産性を悪くしています。

　これを工場全体で見れば、歩留まりよく流れている品種（玉）もありますが、まだ歩留まりの悪いままで流れている品種（石）もあるというように、玉石混交な状態が発生していることになります。

　このように、多品種・小ロット・短期間生産の工場は、製造現場のワークの複雑な流れ、仕事のダイナミックな切替え変動、そして品質歩留まりの玉石混交な状態にならざるを得ないので、生産性は少品種・大量生産に比べて大幅に悪化するのです。

## ST（標準時間）とAT（実行時間）（1-9-1）

ST：大量生産時代の標準時間
AT：多種・小ロット・短期間生産時代の実行時間

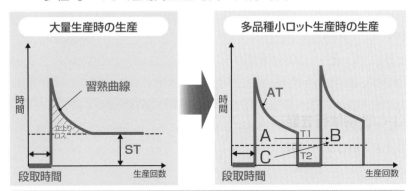

課題（1）STがATとかいり ➡ ATの自動計測とDB化
　　（2）段取り時間の変化 ➡ 段取り時間の自動計測とDB化

# 1-10
# 多品種・小ロット・短期間生産の改善は行き詰まりを見せる

多品種・小ロット・短期間生産においては、複雑、ダイナミック、玉石混交な製造現場を出現させてしまいます。その結果として、今までの改善手法は行き詰まり、新しい改善手法への変革が待たれます。

## ▶▶ 工場改善の低調化現象

1975〜95年頃までの約20年間、日本は世界の工場として、多種多様な製品を世界中に供給していました。この当時の工場では、生産性向上のために小集団活動が奨励され、ZD（無欠点）活動、TQC（全社的の品質管理）活動、TPM（全員参加の生産保全）活動などが盛り上がりを見せていました。

ところが、1995年頃から多品種・小ロット・短期間生産が始まると、これらの活動は年を追うごとに低調化していき、その後は復調の兆しさえ見えません。全国の工場における工場内の改善提案件数にも同じような低調化が見られ、最盛期の1割以下の提案しか出てこない状況が続いています。

これら改善活動の低調化と多品種・小ロット・短期間生産との間には、何らかの相関があるに違いありません。

## ▶▶ 従来の改善は行き詰まる

**多品種・小ロット・短期間生産**は、複雑、ダイナミック、玉石混交な製造現場を出現させてしまうことは前節で述べました。このような製造現場においては、生産性が落ちていくので、落とさないように改善したいのですが、なかなか改善ができないのです。

改善ができないのは、次のような4つの理由があるからです。

### ①実態の悪さが目に見えない

製造現場がワークの複雑な流れと、仕事のダイナミックな切り替えと、品質の

玉石混交というように変わると、製造現場の実態が何となく悪くなっていることは誰にでも感じ取れます。しかし、それでは「どこで、何が、どのように悪いか?」と問われれば、誰も答えられないのです。このことは誰の目にも正確には実態の悪さが見えていないということです。実態の悪さが見えないのだから、改善できないのは当然です。

## ②データ・サンプリング法が使えない

　従来の改善では、実態把握の方法として、**データ・サンプリング法**が使われてきました。これは実態の悪そうな場所に行って、人手によって摘まみ取りでデータを採るというものです。そして得られたデータは、対象物が静的(スタティック)な場合は、間欠的にデータを採ったとしても同じデータが得られるので、データの信頼性はあります。しかし、対象物が動的な場合は、データを採るたびに違うデータが出てきてしまうので、採ったデータの信頼性は得られないのです。

　製造現場の実態は、複雑、ダイナミック、そして玉石混交という動的極まりない状態になっているので、これに対してデータ・サンプリング法は使えないのです。したがって、従来から行われてきた改善はできないことになります。

## ③ PDCA の改善サイクルを早く回せない

　**改善のサイクル**[*]は、Plan(目標設定)、Do(実行)、Check(評価)、Action(対策)です。この改善サイクルを早くまわせば早く改善できるので、早く回したいのですが、しかしCheckにおいて先に早く進めないことがよくあります。

　たとえば、前回の改善会議でPとDをして、今回の会議で実態データが得られたのでCとAをやろうとしましたが、実態データのままでは原因分析できなかったので、Cを回せませんでした。次回にエクセルでパレート図を作って分析してからCをやり直すようにするしかなく、なかなかPDCAが早く回りません。

　この場合、実態データが自動的に採取され、かつ自動的にパレート図が作られて、改善会議の場ではパレート図を見ながら議論できたら、Aの対策まで容易に回るはずです。

---

[*]**改善のサイクル**:コントロール管理サイクルと同じもので、改善のためのPDCAのサイクルを回すこと。

#### ④データ化できないものは改善の対象外

　従来の改善は人手によるデータ収集を前提にしてきました。したがって、あまりに手間がかかるロットの実績原価原単位の採取や、ロットの**製造リードタイム**の採取はできませんでした。また、**ムリ・ムラ・ムダ**のように、見えないしデータ採取も不可能とされたものについては、最初から改善の対象外とされてきたものもあります。

　これら4つの理由から、従来から行われてきた改善は行き詰まりを見せていて、新しい改善の変革を待っているのです。

---

**改善の行き詰まり（1-10-1）**

**（大量生産ゾーンの改善）**

- ○ 目で見る改善
- ○ データ・サンプリング法使用
- △ 改善サイクルを早く回す
- × ムリ・ムダ・ムラは対象外

**（多品種・小ロット・短期間生産ゾーンの改善）**

- × 目に見えない
- × サンプリング法使えない
- × Cが難で、早く回せない
- × ムリ・ムラ・ムダは対象外

➡ IOTによる新しい改善へ

# 多品種・小ロット・短期間生産は外乱の嵐の中で行われる

多品種・小ロット・短期間生産においては、生産のスムーズな進行が妨げられる外乱の発生確率が急増します。その結果、あたかもこの生産は外乱の嵐の中で行われているように見えます。

## ▶▶ 外乱の発生確率の急増

**多品種生産**では、少品種・大量生産に比べて、調達する材料の種類や部品数は数倍に増えるから、調達手配漏れ、納品数違い、不良部品混入、調達品の納期遅れなどの**異常**の発生確率が急増します。このことが製造現場の足を引っ張り、生産性を悪化させることになります。

昨今の製造現場では、仕事の準備の段階から仕事の終わりまでが、なかなかスムーズに進まず、何らかの要因でスムーズさが乱されます。生産のスムーズな進行を阻害する要因のことを**外乱**\*と呼べば、製造現場の仕事は外乱の嵐の中で行われる活動といってよいほどです。

そして、多品種・小ロット・短期間生産のもとでは、外乱の発生確率はますます増加の一途をたどっており、これにどう対応するかが管理運用の重要課題になってきています。

いろいろな種類の外乱があります。

---

①**オーダー外乱**：突然に納期短縮を要求される、または特急のオーダーや飛び込み、割り込みのオーダーが発生する。

②**調達外乱**：調達品が納期通りに入ってこない、個数不足がわかる、または不良が混入するなど。

③**材料外乱**：材料の材質、強度が異なる、または部品の定格や特性の異なるものが持ち込まれるなど。

---

\***外乱**：生産のスムーズな進行を妨げる阻害要因のこと。

④**機械外乱**：機械が故障する、チョコ停（簡単に復旧できる停止）で止まるなど。

⑤**設備外乱**：電力、水、圧縮空気などの供給停止や空調不良が起こるなど。

⑥**治工具外乱**：治工具が消耗して精度が出なくなる、破損が発生するなど。

⑦**ワーク外乱**：ワークの割れ欠けの発生や加工の寸法や特性が出ないなど。

⑧**設変外乱**：製造直前や製造中に設計変更や設計ミスが判明するなど。

⑨**作業者外乱**：作業者が病気や怪我で作業できなくなる、作り間違えたりする。

⑩**管理者外乱**：管理者が指示を間違う、管理者の決断遅延があったりするなど。

　このような外乱の発生を許しておくかぎり、最適な計画通りの生産の進行は期待できないことになります。

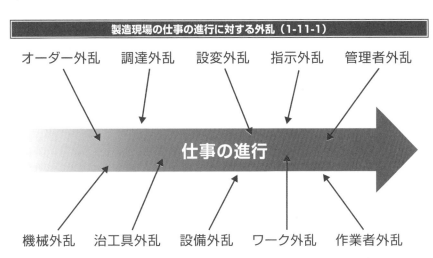

**製造現場の仕事の進行に対する外乱（1-11-1）**

オーダー外乱　　調達外乱　　設変外乱　　指示外乱　　管理者外乱

仕事の進行

機械外乱　　治工具外乱　　設備外乱　　ワーク外乱　　作業者外乱

## ▶▶ **外乱を抑えられない**

　このような外乱の発生については、原因そのものを無くすか、十分な事前のチェックによって発生させないようにするか、発生に備えておくか、または外乱を回避するようにするか、の4つのどれかが成されれば、被害を最小にできるはずです。

　まず、原因そのものを無くすことは、外乱のつどその原因を追求し、対策して再発させないことです。残念ながら、その場しのぎの応急対策でお茶をにごしているから再発がとまらないのです（改善不足）。

　作業に着手する前に十分なチェックがあれば、未然に外乱の発生を防げることは多いのですが、準備のチェックがおろそかなまま着手したために、発生させてしまっていることがあります（生産準備不足）。

　生産中の外乱の発生にいくつかの対処方法を決めて備えておけば、ボヤで消し止められたのに、被害を大きくしている場合もあります（危機管理不足）。

　そして、生産の作戦において、外乱発生のリスクを回避できる計画や人選を行っておけばよかったのにと思われることもあります（作戦不足）。

　これらは、運用や管理にとって従来と違った革新的な取り組みがなされなければ、外乱の発生を抑え込められないことを示しています。

　ここに、新しいIoTやAIの技術を活用した変革が期待されます。

## 外乱対策（1-11-2）

# 1-12
# 工場は変革し続けないと生き残れない

工場の生産の環境は刻々と変わっています。需要が変わり、作るモノが変わり、作り方が変わり、仕組みが変わり、DQC管理の要求が変わります。それら環境の変化に応じて工場は変革し続けることが求められます。

## ▶▶ 工場の生産の環境は変わる

### ①需要が変わる

消費者の**多様性需要**は高まるばかりです。最近の多様性需要に応えるべく、新製品開発では、色、デザイン、そして多様なオプションを付加して、同一機種でもオプションを変えたシリーズ化で対応しなければなりません。さらに、新しい機能の新製品を試作開発して、製品化していかなければなりません。

### ②作るモノ（製品）が変わる

工場では、従来の製品を作りながら、新しい製品も作れるように変わることが求められます。新しい製品で使われる材料や部品のうち新たなものは、新たな調達先や外注先から調達しなければなりません。製造現場には新たな工程やラインが必要になるかもしれません。品質管理のために新たな試験検査機が必要になるかもしれません。

また、新しい製品を作るのに新しい製造技術が必要なときには、技術習得のところから取り組まなければなりません。その作業者に対しては、必要な訓練を受けてもらうこともあります。

### ③作り方を変える

新しい製品をつくるためには、工程設計が必要です。初工程からたどる工程を順に設計していって、今まで無かった工程を新たに作ることもあります。新たに作る場合は、当該工程に必要な機械設備の仕様を決めて調達し、機械設備のレイア

ウトを決めて設置し、さらにこの工程に携わる作業者の作業マニュアルまで、すべてを新しくしなければなりません。

　また、今までの作り方を変える場合は、可能な限り手動ではなく自動で作りたいし、ライン化したいので、ここでもモノづくりを変えなければならないことになります。

## ④仕組み（組織、体制、制度）を変える

　新たな製品づくりや新しい作り方に変える場合は、そのための新たな仕組み（組織、体制、制度）をつくらなければなりません。

　もとより、作るモノによって仕込み生産と受注生産では仕組みを変えて作らなければなりませんが、これに加えて、最近の多様性需要のために、少品種・大量生産から**多品種・小ロット・短期間生産**へ仕組みを変えなければならなくなっています。

　さらに言えば、多品種生産における品種切り替えの自動化、小ロット生産における段取り替えの自動化、さらに短期間生産における機械が変身する自動化は未だにできないので、自動化以外の方法で生産性を上げる仕組みや管理の方策を探さなければなりません。

## ⑤ DQC 管理を変える

　作るモノが変わり、作り方が変わり、仕組みが変わったら、**納期**（D）と**品質**（Q）と**原価**（C）との要求度に合わせて、生産管理と品質管理と実績原価管理も変えていかなければならなくなってきました。

　新たな部品を調達するのに新たな調達先や外注先を探さなければならないことや、調達先との商取引契約を交わさなければなりません。また別の新たな部品が**調達のリードタイム**\*の長いことがわかったら、在庫するようにしなければなりません。工程進捗の管理も、一部工程が外注に変われば、外注先の日限管理を考えなければなりません。

　品質管理についても、新製品は新しい品質基準が必要になるし、工程が変わる場合は、製造履歴とトレーサビリティの工程変更をしなければなりません。

　実績原価管理については、新製品の作り始めにはロットの原単位はバラツキが

---

\***調達リードタイム**：発注から納入までのトータル時間のこと。

大きいものですが、このバラツキを早急に収束させるようにして、安い作り方の方に安定化しなければなりません。

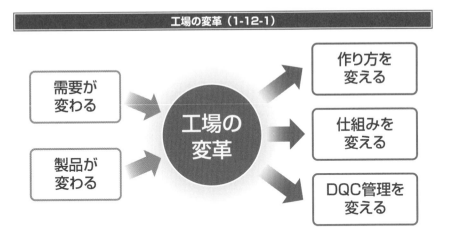

工場の変革（1-12-1）

需要が変わる → 工場の変革 → 作り方を変える

製品が変わる → 仕組みを変える

DQC管理を変える

## ▶▶ 変わらなければ淘汰される

　需要の変遷と開発競争によって作るモノが変わったら、作り方を変え、仕組みを変え、そしてDQCのコントロール管理を変えなければなりません。したがって、工場は変わり続けなければならないし、もし変わることができなければ、その工場は淘汰されていくばかりです。

　さらに、工場の競争はグローバルです。DQCのトータルで評価して世界一の工場は生き残れますが、そうでなければ生き残れる保証はないのです。世界一を目指して変わり続けるしかありません。

# 1-13

# 工場はカネの前払いである

工場をキャッシュ・フロー（現金の流れ）の点から見ると、原材料や部品を手に入れるには、カネを払って買うことになります。製品の加工や組立てには、ヒトの工数や機械のリース料等のカネを払わなければなりません。製品が完成してそれを顧客に届けて、やっとカネがもらえます。

## ▶▶ カネの前払い

工場は**カネの前払い制度**でできています。材料を買えば、その場でカネを払っています。ヒトを使えば、給料としてカネを払っています。機械設備を使えば、リース料、レンタル料、またはローン（割賦）としてカネを払っています。しかし、ものづくりの途中ではカネを払うばかりで、カネをもらうことはありません。製品が完成して、それが売れて初めて、カネがもらえるのです。

カネの前払い制度の中で、在庫はいずれもすでにカネを払っているので、**在庫**

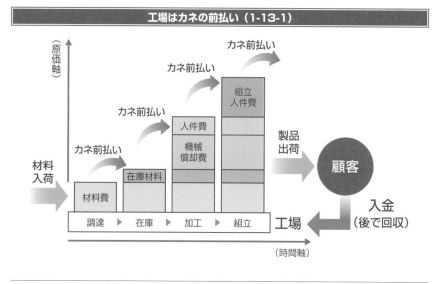

**工場はカネの前払い（1-13-1）**

はカネが支払われた証であると言えます。在庫には材料在庫、仕掛り在庫、そして製品在庫がありますが、製品1個あたりの前に払った金額からみれば、材料在庫＜仕掛り在庫＜製品在庫の順に、払う金額はかさむことになります。

　このようにしてカネを払った在庫が最終的に売れなかったら、カネを捨てたのと同じです。ここに大きなリスクが潜んでいます。

## ▶▶ 製造リードタイムとカネの関係

　製造に着手してから出荷までの時間すなわち**製造リードタイム**<sup>*</sup>を短くすれば、前払いしている時間は短くなり、カネを払ったらすぐにカネを回収することになるわけです。これによって、カネの回転を良くして回転に必要なカネを圧縮することができます。

　自動車の組立てで行われているように、部品を2時間おきに工場内に運び込んでもらい、組立てライン上にワーク（製造対象物）が約2時間あって、ワークが工場外に出たら販売店へ引き渡されたというような場合を考えます。この場合には、工場には部品在庫が2時間しかなく、また製造リードタイム2時間という究極を実現しています。

　製造リードタイムは、ロットの各工程の工程内時間と工程間滞留時間の総和から成り立っています。ロットの工程内時間は、容易には短縮することができません。なぜなら、工程内時間を縮めるには、工程内でのモノづくりの速度を上げるか、または工程内のモノづくりの方法を画期的に変えて短時間に作れるようにするか、または、開発設計から見直すことしかありません。

　しかし、工程間滞留時間の方は、容易に短縮できます。工程間滞留の原因を探って改善できるからです。詳しくは、7-5節で説明します。

---

＊**製造リードタイム**：初工程の製造着手から最終工程の製造終了までのトータル時間のこと。

第1章　工場の本質的知識──ＤＸ推進のための知識①

# 1-14

# 生産は時間とともにある

生産に時間をかければかけるほど、実績原価は高くなります。ワーク（加工対象物）が工場に長く滞在すればするほど、前払いの時間は増加します。そして、不良を作ったら、不良ロスと時間ロス（機会損失）が同時に発生します。また、仕事の価値\*は、仕事中の時間の経過とともに変わっていき、仕事が終わった瞬間に確定します。

## ▶▶ 生産活動と時間の関係

生産活動を時間の側面から見てみると、面白いことがわかります。

### ①時間をかければかけるほど実績原価は高くなる

個別実績原価は「原単位×単価」の総和で表されますが、原単位は、①原材料使用量、②作業者の**工数時間**、③機械の**占有時間**（機械の償却費を変動費として案分する時間）、④その他変動経費の4つからなります。このうち②は作業者がその仕事にかけた工数時間（人数×時間）であり、③は機械がその仕事に占有された時間ですから、当該仕事に時間をかければかけるだけ実績原価は高くなります。したがって、時間をかけないで短い時間で仕事ができれば、実績原価は安くできるというのは明らかです。

### ②工場にワーク（製造対象物）が長い時間滞在すれば前払い金がかさむ

在庫がカネを前払いした証（あかし）であることは前に述べました。これを時間で見ると、①材料在庫時間があって、②製造リードタイム（初工程の開始時刻から最終工程の終了時刻までの時間）の時間があって、その後、③製品在庫時間があって売れたとすれば、カネを回収するまでに少なくとも①＋②＋③の時間分のカネを前払いしなければならないことになります。すなわち、工場にワーク（製造対象物）が長く滞在すればするほど前払い金がかさみ、資金繰りにかかわることが認識されなければなりません。

---

\***仕事の価値**：工場における仕事の価値は納期（D）、品質（Q）、実績原価（C）で評価され、この3つの価値の総合評価が工場の仕事の価値になる。

### ③機会損失のこと。

　不良を作ると、同時に2つのロスが発生します。一つは、**不良ロス**で不良を作るまでにかかった実績原価分のロスです。もう一つは**機会損失**（不良を作った時間のロス）です。これは、不良を作った時間が何もしなかった時間と同じと見なされるもので、もし、不良を作った時間で良品を作っていたら何らかの成果を得られたはずなのに、そのチャンス（機会）を逃したのだとしています。

　このように不良発生には原価分のロスだけでなく、時間分のロスまでかかるので、不良を発生させてはならないのです。

### ④仕事のDQCの価値は仕事の終了時点で確定する

　生産という仕事の**納期**（D）と**品質**（Q）と**実績原価**（C）の価値は、仕事中の時間経過の中で刻々と積算されながら、仕事の終了時点で価値は確定します。いったん確定したDQCの価値（データ）は、その仕事の後でより良く、より高めることは不可能です。

　たとえば、不良を作ってしまったとき、不良を作った時間は何もしなかった時間と見なされます（機会損失）。不良による不足数分を追加で作れば、新たな時間を必要とするし、不足数分を作る実績原価が上積みされて、当該製品の実績原価は高くなります。

　または、不良に手直しをして良品に回復できたとしても、手直しのための新たな時間と手直しの実績原価が上積みされて、これも当該製品の実績原価は高くなります。

　言い直せば、「モノづくりの時間の一刻、一刻が最大事」であることを示していて、その一刻に最高の遂行（パフォーマンス）がなされなければならないことを意味しています。したがって、仕事の前に用意周到な準備をしておかなければならないし、仕事の後で反省と改善がなされなければならないのです。

　以上述べてきたように、生産は時間とともにあると言えます。

時間と実績原価の関係（1-14-1）

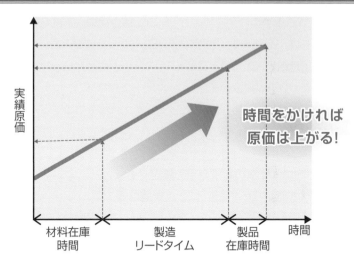

実績原価（縦軸）　時間（横軸）

時間をかければ
原価は上がる!

材料在庫時間　製造リードタイム　製品在庫時間

## 成形加工工場の利益増大——変革の種②

　A工場は、自動車部品のプラスティック成型品を加工して作り、部品ユニット・メーカーへ納める2次下請け企業です。自動車メーカーは毎年、製品のコストダウンの要求をしてくるので、これに追われて利益を出すのに四苦八苦している状態です。A工場が利益増大を図るにはどうしたらいいのでしょうか。

　A工場の成型加工の機械は自動化されていて、作業者は品種切り替えの段取りと製品の目視検査を行っています。このような加工工場での利益増大は、機械を最大効率で働かせることで達成できます。その指数は設備総合効率と呼ばれ、時間稼働率×性能稼働率×良品率の積です。

　この指数を改善するためには、各機械のタイムチャート、非稼働理由のパレート図、製造ピッチタイム、および不良要因のパレート図の情報があれば改善できます。これらの情報が自動的に得られるIoTシステムを用いて変革を推進すれば、1年後には全機械の設備総合効率の平均を20％以上改善できて、利益を増大させることができます。

# 1-15
# クレームはある確率で発生する

　発生したクレームにいくら対策しても、クレームの絶対数はいっこうに減りません。なぜなら、工場内で日常的に発生している異常や不良が、ある確率で社外に飛び出したものがクレームだからです。クレームの絶対数を減らしたいなら、日常発生している異常と不良の絶対数を減らさなければなりません。

## ▶▶ クレームの本質

　事故の発生件数とヒヤリ・ハットの発生件数とは相関があり、事故を減らすにはヒヤリ・ハットの件数を減らすことが肝要だとされています。同じように、**クレーム**\*の発生は、日常の工場現場で発生している**不良**や**異常**の発生と相関があり、これら発生した不良や異常が、ある確率で社外へ飛び出したものがクレームなのです。したがって、クレームを減らすには、日常発生している不良や異常の発生を止める対策がなされて、現場から日常の不良や異常の発生が減っていけば、その結果として減っていくのです。

## ▶▶ クレームの削減の知識

　クレームを減らすには2つの知識がなければなりません。

　1つは、クレームの対策の深さが同様のクレームが二度と起こらないところまで及んでいるかどうかということです。再発させない、二度と起こさせないとは、注意喚起やチェックマークの励行のような、ヒトの意識に頼ることではありません。今までのやり方（モノづくり、ルール、体制等）を今まで通りに続けていれば、再発から免れることはできないのです。したがって、今までのやり方を何か変えなければならないということです。

　2つは、もともと工場内に内在した異常や不良が、ある確率で社外へ飛び出したものがクレームである、という考え方をしなければならないということです。

　したがって、クレームを減らすには、日常発生している不良や異常を一つ一つ丁

\***クレーム**：工場での顧客クレームは、契約した納期、品質、原価の価値を損ねた製品を顧客に届けたときに発生する。ここでは特に品質面でのクレームについて述べている。

寧に、二度と起こらないような発生を止める対策がなされて、現場から不良や異常の発生が減っていけば、その結果としてクレームも減っていくのです。

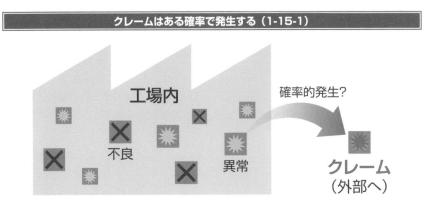

**クレームはある確率で発生する（1-15-1）**

工場内

不良

異常

確率的発生?

クレーム
（外部へ）

## ▶▶ 変えなければ再発する

　異常や不良を再発させないように対策するためには、現状を大きく変えなければなりません。以下にあげるもののどれか1つ、または同時に2つ以上を変えることです。

### ①モノづくりの手順や工程を変える

　まずは、モノづくりの異常や不良を発生させないまたは発生しにくいように治具を装備し、またはガイドやガードを付加します。そして、**作業の手順**や**工程順**を変えて、作業手順書やマニュアルも改訂します。さらに、人手の作業だったものを機械化、自動化して、人手作業そのものを無くすように変えるようなことです。

### ②規定やルールを変える

　調達や外注の異常や不良は、発注、受入れ検査、検収などの**規定**や**ルール**を変えない限り再発するので、これらの見直し改訂が必要です。製造現場においても、異常や不良発生時の対応の仕方などルール改訂が必要です。

### ③仕組みや体制を変える

　在庫の欠品による異常の発生には、在庫コントロールの**仕組み**に問題があることが多くあります。特急仕事のために在庫から払い出した場合は、その日のうちに補充手配がなされないと次の欠品が発生します。在庫コントロール管理者を置いて、実在庫数が必要な目標在庫数になるようにコントロールする**体制**に変えなければなりません。

### ④ヒト、モノ、組織を変える

　①②③でもなお異常や不良の発生がある場合は、マネジメント管理によって、ヒトを変えるか、チーム編成を変えます。または、機械設備の自動化を図り、組織を変えることです。

　大きく「変えること」がない限り、必ず異常や不良は再発します。

**再発防止策（1-15-2）**

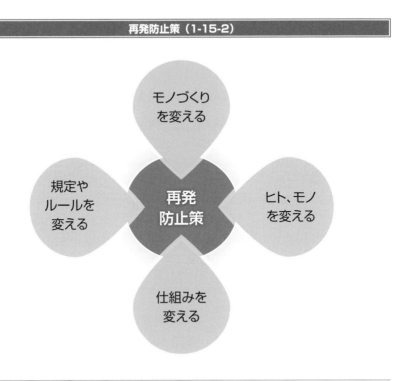

# 1-16
# 「工場が輝くとき」は
# どんなときか

工場の生産性を左右するものは4つあります。①計画通りに仕事が流れること、②生産の仕組みが良好に機能すること、③リーダーの業務遂行次第、そして④作業者の改善意欲次第です。

## ▶▶ 工場の生産性指数*

**生産性**の定義は「生産能力に対する製品生産高の比率のこと」です。

すなわち、現有の生産能力を発揮させて、工場のアウトプット（出力）である製品の出来高を最大限に引き出すための指数です。

### ①ヒトの生産性（人工生産性）＝良品数／工数

作業者の作業工数（人数×時間）当たりの良品生産数の指数で、単位工数時間あたりの生産数を表す指数です。

### ②キカイの生産性（設備総合効率）

機械ごとの生産に寄与した活用度を表した指数で、就業時間中に機械が加工している時間の比と、キカイの持つ最高性能のうちの実使用性能の比と、製造数のうちの良品数の比（不良を作った時間はムダな時間です）を掛け合わせたものです。

> キカイの生産性（設備総合効率）
> ＝時間稼働率×性能稼働率×良品率
> ＝稼働時間／就業時間×実速度／性能最高速度×良品数／製造数

### ③流れの生産性（スループット）＝製品通過数／製造リードタイム

工場における「生産の流れのスムーズさ」を表す指数で、各ロットの最終工程での良品通過数と工程間滞留時間を含む各ロットの製造リードタイム（初工程の

---

*生産性指数：生産性を具体的で詳細な指数化したもので、人工生産性、設備総合労率、スループットの指数がある。

投入時刻から最終工程の完成時刻までの時間）の比率です。飛込み、割込み、特急などの当初の計画になかった仕事の投入、工程内での不良発生や手直し時間、そして工程間での滞留時間があれば「生産の流れのスムーズさ」は悪くなります。

## ▶▶ 工場の生産性を左右するもの。

工場の生産性は、上記の指数で評価されます。そして、工場の生産性を左右するものは以下の4つです。

### ①計画通りに仕事が流れること

工場の生産性が高く、その生産能力が十分に発揮されるときは、どのような状態のときでしょうか。1つは、「製造現場に適度の負荷がかかっていること」です。したがって、仕事量の山谷を作ってはならず、製造現場には適度な負荷になるように**平準化計画**して、仕事を降ろさなければなりません。2つは、「仕事が工程を流れていくときのスムーズな流れが続いているとき」です。工程の当日計画に対して、飛込み、割込み、特急などの仕事の投入は、流れのスムーズさを乱すことになります。さらに、手直し、手戻り、補充づくりなどで工程をループして流れるときも、流れのスムーズさは乱れます。したがって、当日の**差し立て計画**通りに仕事を**作業進捗**させることが生産性を高めます。

### ②生産の仕組みが良好に機能すること

工場の生産性は、生産現場がその能力を十分に発揮して、DQCを満たした製品を可能な限り多く作って出荷することです。ところが、その生産現場を支援するためにあるはずの仕組み（組織や体制や制度）が、生産現場の生産性を低落さるようなことがあります。工場の仕組みとは、原材料の調達、在庫、配膳、工場内物流、生産計画（負荷平準化計画、工程間同期計画）、差し立て計画と作業指示、工程能力バランス、品質管理、製品在庫、梱包出荷、機械設備保全等の組織、体制、制度のことで、これらが十分に機能しない場合は、製造現場の生産性を阻害します。

### ③現場リーダーの業務遂行次第

本来の現場リーダーの業務は、次の5つ業務であると言えます。

①計画と指示の業務

②生産準備の業務

③監視と異常対応の業務

④報告と反省の業務

⑤現場改善の業務

現場リーダーは差し立て計画を作り、作業者に作業指示を下します。作業に必要な材料、部品、治具、工具が揃っているかは、前もってチェックしておきます。作業が始まれば、作業の進行を監視します。異常が発生すれば、臨機応変に対応して、他の工程や関係先に連絡し、作業者に対応策を指示します。作業終了とともに、その実績を把握し、現場監督と生産管理に報告するとともに、当日のDQCの目標に対して実績を比べて反省します。そして、反省から出た課題について改善を図ります。

現場リーダーが上記の5つの業務をしっかり遂行した場合は、仕事の**納期**（D）、**品質**（Q）、**原価**（C）の付加価値が最大値で確定していき、その結果として当該現場の生産性を最大にしていくのです。

#### ④作業者の改善意欲次第

作業者は**作業の目標値**を意識して作業したときに、最も高い生産性を達成できるし、間違いやミスも少ないのです。目標値の有無と生産性の関係は歴然としており、たとえノルマ的な目標値であっても、無いよりはあった方が生産性は高くなると言えます。そして、作業者自身が決めた、またはグループで決めた目標値を達成しようとするときがより生産性が高くなり、さらに目標値の記録を更新しようとする改善意欲が出てくれば、自分の能力自体を高めるところまで行き着くことができます。

このように、生産性を左右する要因は、工場の仕組み（組織、体制、制度）が良好に機能することに根ざしているばかりか、階層の上位の経営管理者やそのスタッフから現場のリーダー、そして作業者に至るまでのヒトの仕事ぶりが関係して

いることを知っておかなければなりません。

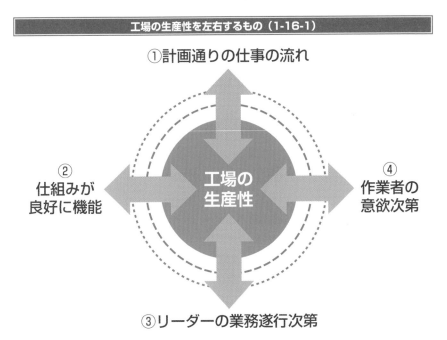

工場の生産性を左右するもの（1-16-1）

①計画通りの仕事の流れ

②仕組みが良好に機能

工場の生産性

④作業者の意欲次第

③リーダーの業務遂行次第

# 受注生産工場の利益確保——変革の種③

　B工場は、トラックのボデーをトラック・メーカーから購入し、そのボデーに特殊装置を顧客の要望通りに艤装して販売する、受注生産の優良企業です。あるとき、トラックの排ガス規制が変わることになって、規制前の駆け込み需要が出てきて、今後半年間で通常の2倍の注文をこなさなければならなくなりました。このような繁忙期でも利益を確保するには、どうしたらよいでしょうか。

　「利益確保の作戦」が大事です。作戦の要点は次の通りです。

---

①受注と仕様を早急に確定させること、または仮注文をもらうこと。

②ボデーや機械設備を先行手配すること。

③注文を整理すること。納期、仕様の難易度、設計の出図、各工程での必要工数、そして外注の有無などを考慮して、生産順を決めて工場に指令する。

④スケジューリング・システムを導入して工程間同期計画を立てること。工場の各工程の生産能力を見極めて、製番の工数を各工程に山積みし、工程の日限を変えて山崩ししてみて、平準化できればよいが、できなければ当該工程を外注するしかない。

⑤製造現場の各工程は指示された日限を守ること。指示された日限を守るように作業進捗をコントロール管理する。

---

　このようにして、計画に基づいて、計画通りに順調に作業を進ませることができれば、利益を確保できます。

　このような場合に「利益確保の作戦」がなければ、注文の順に（納期順の並べ替えなしに）工場へ生産指令を出して、その結果、製造現場の負荷の（平準化をしないで）極端な山と谷を発生させることになります。山がこなせないから苦し紛れに外注に出さざるを得ないことになり、計画的な外注費の何倍もの外注費がかかることになります。

　工場の各工程には受注の順で仕事が投入されているので、納期の優先順のために、どこかの工程で順序の入れ替え、飛び込み、割り込み、特急等をせざるを得ません。そのため、仕事の進行での大混乱を発生させてしまいます。その結果、生産性を悪化させて、実績原価を高騰させてしまうことになります。そればかりか、仕事の進行の大混乱の結果、いくつかの注文に対して納期遅れまで発生させて、「利益なき繁忙」の結果に終わったはずです。

第**2**章

# コントロール管理の知識
## ——DX推進のための知識②

工場の管理にはマネジメント管理とコントロール管理があり
ますが、納期を守るためにする生産管理、品質を守るために
する品質管理、そして目標とする原価を守るようにする実績原
価管理は、いずれも実態を目標に近づけるようにするコント
ロール管理です。

この章ではコントロール管理の知識について述べます。

# 2-1
# コントロール管理とは PDCAを回すこと

生産管理、品質管理そして実績原価管理はコントロール管理ですから、まずPLANで計画と目標を定め、DOで実行して実績を把握し、CHECKで目標と実績のズレを評価し、ACTIONで対策するという管理サイクルを回すことでコントロールしなければなりません。

## ▶▶ コントロール管理

**コントロール管理**はコントロール管理サイクルを確実に回して行わなければなりません。コントロール管理サイクルとは、Plan（計画と目標設定）、Do（作業指示、実行）、Check（実態把握と評価）、Action（対策）の4つを順次回して行う活動のことです。

したがって、在庫コントロール管理においては、在庫部品のアイテム一点ごとに**目標在庫数**を決めて、**実在庫数**を目標在庫数になるように、在庫の入庫と出庫をコントロールすることで、必要最小限の在庫数が維持されることになります。

また、実績原価コントロール管理においては、個別原価の原単位目標値を決めて、次に原単位の実績データを採取して、その目標値に向かって実績データを近づけるように対策すれば、コストダウンできることになります。

もちろん、コントロール管理のコントロール管理サイクルを回すのはヒトであり、作業者と現場監督およびコントロール管理担当スタッフです（自動制御の意味ではありません）。　そして、コントロール管理を行うときには、目標としての情報やデータと、実態（実績）としてのフィードバックされる情報やデータが不可欠で、これらの情報やデータをヒトが使って、精度高く、スピーディ（速く）にPDCAの管理サイクルを回さなければなりません。

## ▶▶ コントロール管理サイクル

### ① Plan：目標（または計画）を定める

　コントロール管理の基本は、「はじめに目標ありき！」ですから、コントロール目標を決めなければなりません。その目標は定量的な数値目標でなければなりません。そのためにも、改善前の実態のデータが必要ですが、実態データがないときは、希望値や見積り値を目標値と設定するところから始めるしかありません。

### ② Do：実行する

　目標値を意識して作業してみます。このとき目標値を意識するか否かが作業生産性にとっては大きな意味があります。作業指示を出す現場リーダー（製造長、職場長など）は、作業者に作業を指示するごとに指示内容を認識させるとともに、上記の目標値も認識させなければなりません。また、作業者は、認識した目標値を意識しながら作業しなければなりません。作業者が目標値を意識しながら作業するかしないかによって、作業の生産性は大きく異なります。

### ③ Check：評価する

　従来のコントロール管理がおざなりの管理にとどまっていたのは、実績値の収集に問題があり、実績値のデータの精度と集計や図表化の遅れもあって、CHECKのところで目標値と実績値の比較評価ができずに停滞して、管理サイクルを回せないでいるからと考えられます。この評価のサイクルで、正確なリアルタイムな実績値が得られるようになっていれば、CHECKの評価が即座にできます。

　実績値が目標値に近づいていれば、当面の対策が有効であることになります。しかし、近づかないまたは目標値から離れる場合は、別の対策を探さなければなりません。このような評価の判断が即断即決できるようにしておくことが、PDCAを早く回すことにつながります。

### ④ Action：対策する

　評価のサイクルで良い評価が得られなかったときは、対策しなければなりません。その対策は、単に注意喚起や叱咤激励のことではありません。再発の防止の

## 2-1　コントロール管理とはPDCAを回すこと

対策には、下記のように「何かを変え」なければなりません。

---

①作業手順を変える（作業手順の試行錯誤）

②作業のやり方を変える（作業方法の見直し）

③作業スピードを上げる（記録への挑戦）

④非付加価値時間を圧縮する（準備、段取り、後始末の見直し）

⑤生産の仕組みを変える（計画、調達、配膳、物流、生産準備などの革新）

⑥マネジメント管理で対応する（ヒト、モノ、カネの刷新）

---

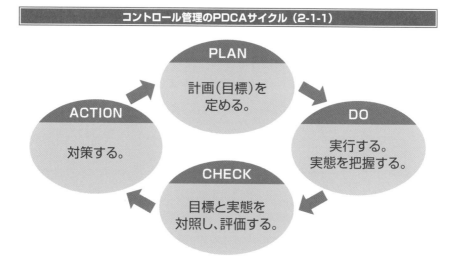

**コントロール管理のPDCAサイクル（2-1-1）**

PLAN
計画(目標)を定める。

DO
実行する。
実態を把握する。

CHECK
目標と実態を
対照し、評価する。

ACTION
対策する。

# 2-2
# 生産管理は納期を守るための3つのコントロール機能

生産管理は、納期を守るために、計画づくりから始めます。その1は、必要不可欠な最小の在庫量を維持するように、実在庫をコントロールすること。その2は、原材料の調達品を納入日に間に合わせるように、業者をコントロールすること。その3は、製造工程ごとの日限を守るように、工程進捗をコントロールすることで納期を守ります。

## ▶▶ 初めに計画ありき

まず、全部の注文を納期順や優先順に並び替えることから始めます（**大日程計画**）。次に、作る製品の部品表を基に原材料や部品の必要量を計算し（**資材所要量計画：MRP**＊）、「納入日限」を決めて、これによって調達します。

さらに、製品になるまでにたどる工程を設計します。そして、製造現場に対して、工程の能力に見合った分の仕事量に山積みと山崩しをして平準化します（**平準化計画**）。ここまでの資材所要量計画、資源所要量計画、平準化計画の全体を**生産資源計画**（**MRP-Ⅱ**＊）といいます。

生産管理システムは生産資源計画を情報処理するシステムであり、ここから職場単位に毎日（または毎週）の生産指令を出すことになります。生産資源計画は、職場から上がってくる毎日の生産実績報告によって、計画から消し込まれます。

次に、工程間の同期をとるように「工程の日限」を決めて（**工程間同期計画**）、1日単位分にした生産指令を製造現場に出します。工程間同期計画は毎日の工程進捗情報によって毎日再計画されます。

そして、各工程では作業者や機械ごとに仕事を割り付け、仕事の優先順を決めて（**差し立て計画**）作業指示します。差し立て計画は、現場への外乱（生産のスムーズな進行を妨げる阻害要因）の発生によって作業の進捗が滞ることが起きるので、そのリアルタイムな作業進捗情報によって即座に再計画をして、新しい作業指示を出して対応しなければなりません。

---

＊**MRP、MRP－Ⅱ**：MRPには2つあり、原材料の必要量を計算して調達するための計画（資材所要量計画：MRP）と、資材所要量計画、資源所要量計画、そして負荷平準化計画をして、製造現場に指令するための計画（生産資源計画：MRP-Ⅱ）がある。

このような、生産資源計画、工程間同期計画、そして差し立て計画の3つを**工場の3計画**と呼んでいます。

| 工場の3つの計画（2-2-1） | | |
| :---: | :---: | :---: |
| 計画名称 | 再計画サイクル | エリア／指令・指示 |
| 生産資源計画<br>（MRP-2） | 毎週再計画<br>（毎日消込み） | 職場単位<br>生産指令 |
| 工程間同期計画 | 毎日再計画 | 工程単位<br>生産指示 |
| 差立て計画 | 外乱発生ごと<br>再計画 | 機械・作業者<br>作業指示 |

## ▶▶ 生産管理の流れ

製品在庫の実在庫があれば、それを引き当てて納期がいつであっても納入できますから、実在庫をコントロールする製品在庫管理がなされなければなりません。しかし、製品在庫がない時は、作って納めるしかありません。

まずは製品に必要な原料や材料の在庫を調べ、原材料在庫の実在庫（原材料在庫管理）があれば、それから引き当てれば調達の必要はありません。原材料在庫が無ければ、必要量（資材所要量）を必要日時（納入日限）までに納品されるようにコントロールしなければなりません。この調達は一連の商取引契約によって、見積り、発注、注文受諾、納品、検収、支払、そして領収の順になされます。

原材料が調達できたら、製造現場の各工程の日限を守りながら、工程順に加工や組み立ての工程の進捗をコントロールして進めていけば、納期を守ることができるわけです。

## ▶▶ 3つのコントロール機能

このことから、「在庫管理」と「調達管理」そして「工程進捗管理」の3つのコントロール管理機能全体を「生産管理」と呼んでいます。

# 2-3
# 在庫はカネが支払われた証である

在庫管理はPDCAのサイクルを回して行います。Pはアイテムごとの目標在庫数を設定すること。Dは入庫数と出庫数を確かめて実在庫を把握すること。Cは目標在庫数と実在庫数からその差異を毎日評価すること。Aは差異が過大なら購入や生産を即日停め、過少なら即日手配することです。

## ▶▶ 在庫の功罪

　**原材料在庫**があれば、原材料調達のリードタイムなしに製造にかかれます。**仕掛り在庫**があれば、製造リードタイムを短縮できます。**製品在庫**があれば、製造リードタイムなしに即納できます。したがって、工場で何らかのトラブルが発生した時の**リスクヘッジ**＊（危機回避）を含めて在庫を持つことが行われてきました。

　「工場のカネの前払い制度」の中で、在庫はいずれもすでにカネを払っているので、「**在庫はカネが支払われた証**＊」であると言えます。カネを払った在庫が最終的に売れなかったら、カネを捨てたのと同じです。ここに大きなリスクが潜んでいます。

　在庫のもう一つの罪は、在庫があることで悪い実態が覆い隠されてしまい、真の対策がなされないことです。

### ①製造リードタイムの短縮を隠す

　顧客からは納期を毎回1週間もらったが、現在の製造リードタイムは2週間かかります。このままでは顧客の要求についていけないので、製品在庫をもって対応しようとします。しかし、その対応は苦肉の策であって、正解は製造リードタイムを1週間でできるように改善することです。

### ②注文数の増減変化を隠す

　顧客の注文数の増減に対して対応できない場合に、あらかじめ製品在庫を持っ

＊**リスクヘッジ**：起こりうる危険を予測して回避すること。
＊**在庫はカネが支払われた証**：在庫品はすでにカネが支払われたという証拠品である。

て、これに対応しようとします。しかし、この対応は応急的対応であって、正解は注文数の変更に対して必要なものを必要な時に必要なだけ作るような、柔軟に生産できる体制への業務革新をすることです。

### ③不良発生による欠品を隠す

不良がよく発生する工程の後工程対策として、仕掛り在庫を持って対応しようとします。正解は工程の不良を発生させないように、不良原因の撲滅対策をすることです。

### ④設備故障による欠品を隠す

設備故障がよく発生するので、後工程への欠品対策として仕掛り在庫を持って対応しようとします。正解は設備故障を出さないように、保全体制で対策することです。

## ▶▶ 在庫管理とコントロール

在庫を低く抑えることは、前に払うカネを少なく抑えることになるので、コントロールしなければなりません。在庫のコントロールとは、コントロール管理サイクルPDCAを回すことです。

### ① P はアイテムごとの目標在庫数を設定すること

アイテムごとに目標在庫数を設定しなければなりません。たとえば、材料在庫であれば、まず当該アイテムの調達リードタイム（発注してから入荷するまでの日数）を調べて、その期間の製造現場が消費するはずの原材料数から目標在庫数を決めます。

### ② D は入庫数と出庫数を確かめて実在庫を把握すること

在庫の出し入れのそのつど、実在庫数を正確に把握します。

### ③ C は目標在庫数と実在庫数からその差異を毎日評価すること

アイテムごとの目標在庫数と実在庫数との差異を見て、在庫の過剰、適正、過

少を毎日評価します。

#### ④ A は差異が過剰なら購入や生産を停め、過少なら即日手配すること

過剰であれば今日の発注を止めなければならないし、過小ならば今日中に補充の発注をしなければなりません。

このように、毎日PDCAのサイクルを回すことが実在庫のコントロール、すなわち在庫管理なのです。生産管理システムによって在庫の管理がされているとしていますが、上記のようなコントロール管理はほとんど行われておらず、単に在庫把握が行われているだけです。また、決算の報告のために、期ごとの棚卸しによって資産としての在庫の整理が行われているのみです。

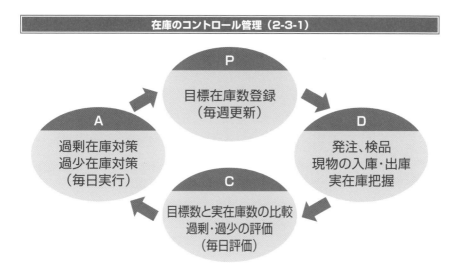

在庫のコントロール管理（2-3-1）

第2章　コントロール管理の知識──ＤＸ推進のための知識②

調達は商取引契約によって行われます。Pは作業開始の前日以前を納入日とします。Dは発注し、注文請書をもらい、納品の検品を行います。Cは調達品の仕様、品質、納期、数量の契約違反に対処して記録します。Aは業者ごとに契約違反を通知して対策を迫ります。

## ▶▶ 調達の課題

生産管理スタッフの業務内容を分析すれば、調達される原材料や部品の**納入トラブル**の調整に忙殺されていることがわかります。納入トラブルは仕様違い、不良混入、納期遅れ、員数不足、分割納入といったもので、これらが一品でも発生すれば、生産の優先順位の変更や生産計画の再計画などは必然です。場合によっては、製造現場に作業中断などの損失を引き起こすことも少なくありません。

しかも、多品種生産によって調達する原材料や部品の点数は増加の一途をたどっているので、納入トラブルの発生件数はうなぎのぼりです。

## ▶▶ 調達品の発注

原材料や部品の調達は、それぞれの業者との**商取引契約**に基づいてなされるものです。その基本となるものが**取引基本契約書**\*です。この契約書において、仕様違い、品質不良、納期遅延、員数不足などについてペナルティが明示されていなければならないし、注文書を出したら、必ず注文請書または納期回答書をもらわなければなりません。

調達する原材料や部品は、生産計画の加工開始日または組立ての開始日の前日までに納品されなければなりません。受注生産品の調達は、設計から出図された部品表を基に、アイテムごとに業者へ納入日を付けて発注します。仕込み生産では、資材所要量計画（MRP）の情報処理をした上で、業者に納入日を付けて発注します。

---

\***取引基本契約書**：あらかじめ共通する内容を本契約書にしておいたもの。実際に発注する場面で発注書と請書を交わすだけで簡単に契約成立ができるようにする。

## ▶▶ 調達のコントロール管理

Pは生産計画に基づいて、製造現場の作業開始の前日以前を納入日とするように決めます。

Dは発注して、注文請書または納期回答書をもらい、納品日を念押ししておかなければなりません。そして、納品されたら納入品の検品を行います。

Cは調達品の仕様、品質、納期、数量の契約違反に対処して記録します。

Aは業者ごとに契約違反を通知して対策を迫ります。少なくとも半年ごとに、不良納入回数、納期遅延回数、欠品発生回数、分納回数などの項目によって調達の全取引業者の評価をしてランキングし、各業者に通知してやることが必要です。

このように、PDCAを回して業者をコントロールするのが、調達コントロール管理です。

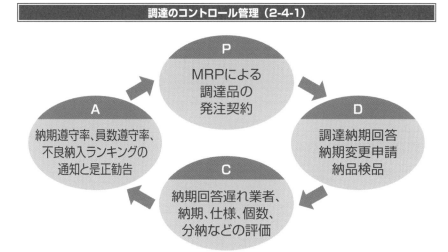

**調達のコントロール管理（2-4-1）**

P
MRPによる
調達品の
発注契約

D
調達納期回答
納期変更申請
納品検品

C
納期回答遅れ業者、
納期、仕様、個数、
分納などの評価

A
納期遵守率、員数遵守率、
不良納入ランキングの
通知と是正勧告

# 2-5
# 進捗のコントロールができれば
# 納期は守られる

進捗管理には、工程進捗管理と作業進捗管理があります。工程進捗管理は、生産管理スタッフが「工程間同期計画」を作って各工程に日限を付けて生産指示し、工程進捗をコントロールします。作業進捗管理は、現場リーダーが「差し立て計画」を作り、作業者や機械に作業順を付けて作業指示し、作業の進捗をコントロールします。

## ▶▶ 納期を守る

最終納期を守るためには、工程ごとにその日限を計画しておき、各工程においてその日限が守られていけば、必然的に最終納期は守られます。そこで、工程の仕事の進み遅れを生産管理スタッフがコントロールするのが工程進捗管理です。また工程内の機械や作業者に当日の仕事の進み遅れを現場リーダーがコントロールするのが作業進捗管理です。いずれの管理も、PDCAを回してコントロールします。

## ▶▶ 工程進捗のコントロール管理

工程進捗のコントロールは、生産管理スタッフによって行われます。

### ①工程間同期計画を作り生産指令（P）

仕事ごとに、そのたどる工程の日限を決めて生産指令するための計画は**工程間同期計画**と呼ばれます。この計画では、組立開始日の前日に、組立てに必要な部品のすべてが加工や表面処理を終了し（またはサブ組立てが必要なものはこれを終了して）、組立て開始できるように工程間の同期をとって計画されるものです。

### ②各工程では仕事の進捗を把握（D）

各工程では、仕事の進捗を前工程から受取り（未着手）、作業中または作業中断中、

作業終了、後工程引き渡しといった3～4の進捗状態で進捗を把握します。

### ③日限に対して仕事の進捗を毎日評価（C）

　生産管理スタッフは、仕事ごとに工程の日限と進捗を比較して、日限が守られていることを毎日チェックしなければなりません。

### ④日限が守れそうもなかったら対策（A）

　何らかの外乱やトラブルの発生によって日限が守れそうになかったら、仕事の優先順を変えるか、または工程間同期計画を再計画して、日限を変更して再指令しなければなりません。

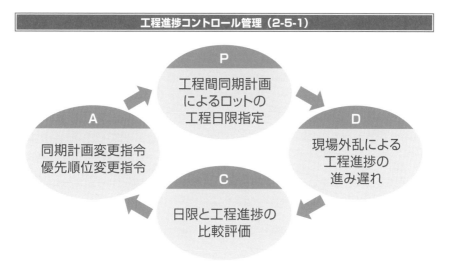

**工程進捗コントロール管理（2-5-1）**

P
工程間同期計画
によるロットの
工程日限指定

D
現場外乱による
工程進捗の
進み遅れ

A
同期計画変更指令
優先順位変更指令

C
日限と工程進捗の
比較評価

## ▶▶ 作業進捗のコントロール管理

　作業進捗のコントロールは、現場リーダーによって行われます。

### ①差し立て計画を作り作業指示（P）

　工程内の機械や作業者ごとに仕事を割付け、割付けた仕事の優先順を付けて作業指示するための計画は、**差し立て計画**と呼ばれます。この計画は、仕事の難易

度や納期優先度などを考慮して、かつ機械や作業者の能力や技術力や速度などを勘案して作られるもので、現場リーダーの腕の見せ所です。なお、作業指示には、当該作業の目標時間または作業終了予定時刻を付けて指示しなければなりません。

## ②機械や作業者ごとに作業の進捗を把握（D）

　作業の進捗は、作業未着手、作業中であれば終了予定時刻、作業終了の各状態をリアルタイム（1〜2秒以内の遅れしか許されない）に把握します。このような把握のためには、リアルタイム・モニタ等が用いられます。

## ③計画に対しての作業進捗のズレを監視（C）

　作業終了予定時刻に対して進捗の遅れが明らかになったら、直ちに画面やチャートに表示されます。また、作業中断発生は、即座に警報が発報されることで認識できるようにします。

## ④作業終了予定時刻が守れそうもなかったら対策（A）

　対策としては、次の3つが考えられます。対策1は、そのまま作業を継続させ、残業や休日でカバーします。対策2は、当該作業を中断し、別の優先順の作業を指示して作業させます。対策3は、差し立て計画を変更して、時間や作業者や機械を変え順序を変えて作業させます。これら3つの対策のうちのどれかに即断即決しなければなりません。

　このように、工程内の作業進捗がコントロールされ、それぞれの工程の工程進捗がコントロールされれば、納期は守られることになります。

# 2-6
# 品質管理は「顧客不満足の解消から顧客満足の追求へ」展開中

　製品の品質は作るたびにバラつきますが、この品質のバラツキを規格値内になるようにコントロールしてモノづくりすることを品質管理といいます。当初の品質管理は、顧客が不良な製品を買わされた時の不満を無くすために必要とされて取り組まれてきました。そして、昨今は顧客が製品に満足なだけではなく、製品を作り出す企業の信頼と信用までを含めた満足が要求されるようになりました。

## ▶▶ 品質管理とは？

　顧客に製品の品質の良いものを届けるのは、工場としての宿命です。

　製品の品質は、作るたびごとにバラツクものです。この品質のバラツキを規格値内に入るようにコントロールしてモノづくりをすることを**品質管理**と呼んでいます。

　具体的には、モノづくりの各工程の作業において、不良を作らないように、または不良を作り過ぎないようにコントロールされなければならないし、良いものが安定して作られるようにコントロールされなければなりません。何より、製品の不良を顧客に渡すようなことによって起こる「顧客の不満足」を解消しなければなりません。

　また、「顧客の満足」を満たすように、「製品として良いもの」のさらに上の「顧客の信用と信頼という満足の追求」がなされなければなりません。

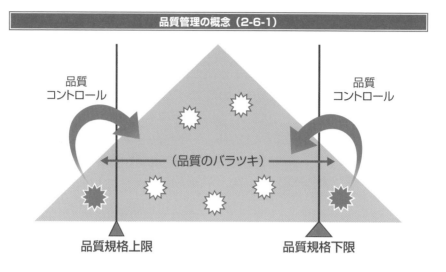

品質管理の概念（2-6-1）

品質
コントロール

品質
コントロール

（品質のバラツキ）

品質規格上限

品質規格下限

## ▶▶ 品質管理活動の変遷

　日本の品質管理活動の変遷を一言で言えば、「顧客の不満足の解消から、顧客の満足の追求へ」と言えます。

　戦後まもなく復興し始めた日本の製品は、「安かろう、悪かろう」と揶揄されました。そこで、何とか外国に製品を買ってもらえるようにするために、不良品を出さないように厳重な検査をすることに取り組んだのです。しかし、「検査を厳重にして不良品の流出を抑えるだけ」では、不良を作ってしまった時の2つのロス（不良ロスと機会損失）が大きくて、経済的でないことに気づくことになります。

　そこで取り組まれるようになったのは、不良品を作らないようにするという取り組みです。これによって「各工程で品質を作り込む」ということに注力されるようになりました。

　次に取り組まれたのは、品質を表すデータを統計的に解析して、良品を多くつくるようにコントロールすることです。これは**統計的品質管理**と呼ばれました。

　このような経過を経て、日本製品はその品質の良さで、世界中から評価されるようになりました。製品の不良が顧客に渡ることが無いようにしたこと、すなわち顧客の「不満足の解消」がなされたわけです。

しかし、高度成長の終わり頃から、品質は良くて当たり前ということになり、次は「顧客の満足」を追求し、さらに顧客の多様性にも応えられるものづくりがなされなければならなくなってきました。すなわち、品質を工場ばかりではなく、顧客のニーズを拾い上げる営業から、顧客の使い勝手も考える設計、そして販売後の保守サービスを含む全社的な取り組みが必要になってきたわけです。そこで、日本のオリジナルな**TQC**（全社的で総合的な品質管理：Total Quality Control）が行われるようになりました。これによって、顧客満足の追求へ踏み出すことになったわけです。

さらに、顧客がその工場を信用と信頼できるか否かも顧客満足の範疇と考えられるようになってきています。このようなことから**品質保証**の概念が生まれ、工場内のものづくりの体制や運用が適切に行われていることを保証機関に保証（品質保証）してもらう（**ISO-9000の認証**）ことが普及することになりました。

| 品質管理の歴史（2-6-2） | |
|---|---|
| 0 | 1945～50 | （品質）管理なし時代 |
| 1 | 1950～60 | 厳重検査時代 |
| 2 | 1960～70 | 工程品質確保時代 |
| 3 | 1970～80 | 統計的品質管理時代 |
| 4 | 1980～95 | TQC時代 |
| 5 | 1990～2000 | 品質保証時代 |
| 6 | 2000～ | 顧客満足追求時代 |

# 2-7
# まだ達成できていない
# 品質管理の課題がある

まだ達成できてない課題の1つは、不良の作り過ぎを抑えるためのリアルタイムな品質管理です。もう1つは、品質とモノづくりとの因果関係を明らかにするための品質データと製造履歴データを合体させたビッグデータの活用です。

## ▶▶ リアルタイム品質管理

不良は2つの損失、**不良ロス**（不良を作るのにかかった実績原価のロス）と**機会損失**（不良を作るのに使った時間のロス）を同時に発生させるので、不良を作らないようにしなければならないし、不良の作り過ぎがないようにしなければなりません。ここでは、「不良を作り過ぎない」について考えます。

旧来の品質管理の考えでは、生産が終わった後に検査して良品と不良とを仕分けし、不良についてはこれを分析して、原因を探して対策するのが品質管理とされてきました。しかし、不良は2つの損失を同時に発生させることがわかってくると、生産中の不良発生を問題視するように変わってきました。

生産中に不良が連続的に発生する場合は、生産を中断して対策せざるを得ませんが、生産中に間欠的に不良が発生する場合は、納入時刻や中断の時間ロスを考えて、生産を中断しないで、必要な良品数を確保するまで生産を続けることがよく見らます。しかし、これが不良の作り過ぎになって損失を大きくしています。

したがって、生産中の不良分析を見ながら生産するような、リアルタイム品質管理を実現しなければなりません。

## リアルタイム品質コントロール管理（2-7-1）

## ▶▶ ビッグデータ*の活用による品質管理の高度化

　**統計的品質管理**のころから、品質のデータを採って規格値内に品質をコントロールすることは行われてきました。そのため品質データは、ほとんどの工場で記録に取ってデータベースの形で残されて来ています。

　一方で、**ISO-9000の認証制度**が発足した時に、**製造履歴**を品質記録として残すことが求められました。そして、クレーム等の問題発生時にこの製造履歴を追跡して、原因究明や対策に役立てるためのトレーサビリティが組み込まれて、これを実施することになりました。製造履歴は各工程での**4W1H**（誰がWho、いつWhen、どこでWhere、何をWhat、どのようにHow、）を品質記録として残すもので、ISOの規格はその記録媒体を規制してなかったので、記録紙（ペーパー）で残すことが行われてきています。

　その結果、品質のデータはデータベースで、製造履歴情報はペーパーでというように別々の記録になっていて、不良の品質データを見ても、その不良がどのように作られたかは、製造履歴情報を調べ直さなければならないという問題を抱えています。そればかりか、不良発生のメカニズム解析など、まだまだ多くの課題を解決できないなど、より高度な品質管理の追求に行き詰まりが生じています。これについては、8-5節で述べます。

---

＊**ビッグデータ**：詳細で濃密なデータの集合体のこと。

# 2-8
# 原価コントロール管理で
# コストダウンする

個別実績原価の4つの原単位（原材料使用量、作業工数、機械占有時間、その他変動原単位）データのそれぞれをPDCAのコントロール管理サイクルを回して、最小の原単位データを目標にして改善すればコストダウンできます。

## ▶▶ 原価管理の4つの目的

原価管理と呼ばれるものの目的は4つあります。目的1は、決算報告の製造原価を把握して経営判断するためのものです。目的2は、経営計画または予算統制のためのもので、予算通りの製造原価で作るようにするためのものです。目的3は、販売価格設定のための想定原価を算定するためのものです。目的4は、コストダウンのためのものです。

このうち目的1～3は英語で"Cost Management"（コスト・マネジメント）であり、目的4は"Cost Control"（コスト・コントロール）です。

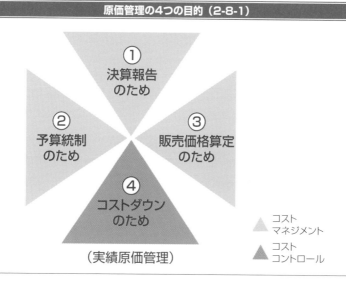

原価管理の4つの目的（2-8-1）

① 決算報告のため
② 予算統制のため
③ 販売価格算定のため
④ コストダウンのため
（実績原価管理）

▲ コスト マネジメント
▲ コスト コントロール

## 個別実績原価管理

工場の原価管理は目的4のコストダウンのためのもので、日本語表記は「個別実績原価管理」であり、英語では"コスト・コントロール"です。すなわち、個別とは製番ごと、ロットごと、または品番ごとの実績原価を意味しています。

個別実績原価は、**原単位**に**単価**をかけて、その総和で算出されます。原単位としては、**原材料使用量**、**作業工数**、**機械占有時間**、**変動原単位**の4つです。原材料使用量は当該ロットに原材料が何キログラム使われたかであり、作業工数は当該ロットに作業者が延べ何分携わったかであり、当該ロットに機械は何分占有されたかであり、さらに、当該ロットに変動原単位として電気使用量や梱包資材をどれだけ使ったかです。

**個別実績原価の原単位構成（2-8-2）**

### 実績原価（円）＝【4つの原単位】× 単価

【4つの原単位】
1）原材料使用量（kg、m、個数）
2）作業者の作業時間工数（分）
3）ロットの機械占有時間（分）
4）その他変動経費

➡ 製番ごと、ロットごとに合算する。

## 個別実績原価管理によるコストダウン

製番ごと、ロットごと、品番ごとといった個別の実績原価の原単位を、目標原単位になるようにコントロール（PDCAを回す）してコストダウンします。

まず、目標原単位を決めなければなりません。品種ごとの標準原価があれば、この標準原単位を目標原単位とします。標準原価が無ければ、想定される大まかな値を仮の目標原単位として作業を始めて、実績原価の原単位が得られたら、こ

れをもとに目標原単位を決めます。

　次にロットの作業を行い、そこから4つの原単位データを自動的に採取します。このとき自動採取の手段として、IoT（モノのインターネット）またはPOP（生産時点情報管理）を用いることになります。

　そして、目標原単位と実績原単位データを比較して評価します。ロットを作るごとの実績原単位データが、目標原単位に近づいているかそうでないかを判断します。近づいているなら以前の対策を続けますが、そうでなかったら別の対策を実施しなければなりません。

　以上のことを繰り返して、徐々に下げていった目標原単位に実績原単位を到達させることができたときに、コストダウンは実現しています。

## ①原材料使用量原単位のコントロール

　原材料使用量の原単位データは、ロットの良品1個当りの原材料使用量を意味しているので、原材料歩留りにより左右されるし、不良率にも左右されます。つまり、原材料使用量の少ないものづくりのためには、次のような改善のPDCAを回してコントロールが行わなければなりません。①歩留りを上げること、②不良を出さないものづくりの追求、③捨てられた原材料の量の把握とその対策、④端材ロスの量の把握とその対策、⑤VA（価値解析）による設計開発見直しなど。

## ②作業工数原単位のコントロール

　作業者は作業にかかる前に目標時間を持ってから作業にかかること、そして目標時間を意識して作業にかかることが重要です。もし、実績工数が目標工数をオーバーしたときには、作業の改善が必要であることを示しているので、作業の改善サイクル、すなわちPDCA（Plan、Do、Check、Action）をまわすことで改善します。

　作業改善の項目にはさまざまなものが含まれますが、①作業前の準備を変える改善、②段取りのやり方を変える改善、③作業手順の順序を変える改善、④作業速度のスピードアップ改善、⑤作業不良の撲滅改善、⑥後始末のやり方を変える改善などがあり、これら項目の改善によって、実績工数を目標工数以内になるように改善していくことです。

### ③機械占有時間原単位のコントロール

　機械占有時間は、段取りが始められた時刻から、後片付けの終わる時刻までの時間のことで、使われた機械の償却費を機械占有時間分だけ個別ロットに原価として載せるものです。

　これの改善には、設備総合効率の改善、段取りの改善、または後始末の改善が不可欠です。

### ④その他変動経費原単位のコントロール

　変動経費としては、副資材費、梱包資材費、電力消費量、灯油消費量などがありますが、いずれも資材のムダ使いまたは電力や灯油のムダ使いを無くすように省資材、省エネルギーの改善を行わなければなりません。

　それぞれの原単位が改善されて最も低い（安い）目標値に近づくことができれば、コストダウンが実現できることになります。具体例については7-3節で述べます。

**個別実績原価コントロール管理（2-8-3）**

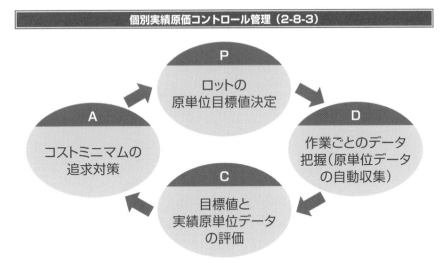

# 個別実績原価はバラツク

同一品番を同一ロットサイズで作った製品の実績原価は、大きくバラつきます。なぜなら、その製品を作るときの実績原価の4つの原単位が、そのときどきの作り方によって変動するからです。そのバラツキを低く抑えてモノづくりできたらコストダウンできます。

## ▶▶ ロットごとに実績原価原単位のバラツキ

同一製品を同一ロットサイズで作った時に、作るたびに**個別実績原価**の**原単位**データは大きくバラつくことになります。同じ工程で同じように作っているのに、高い原単位データになることもあれば、低い原単位データになることもあります。実際に、POPシステムによって個別の実績原価の原単位データを採ってみると、原単位データは大きくバラつくことがわかりました。

原単位データは現場のモノづくりの作り方によって変わるのです。すなわち、製造現場の製品の作り方が、そのつど微妙に変わっていることで起こるのです。

### ①原材料使用量のバラツキ

一つの理由は、原材料**歩留まり**※が変わるからです。原材料の使用量のうちで選別されて製品に使われた分と捨てられた分があり、捨てられた分の原価分が製品の原価に含入されていくので、歩留まりの良い原材料のロットは原価が安くでき、歩留まりの悪い原材料のロットは原価が高くなります。

またの理由は、ロットの中で不良が発生した時に、不良品で使われた原材料費は良品の原価に含入されるので、ロットの原価は不良の有り無しでバラツクのです。

### ②作業工数のバラツキ

同じ工数をかけて良品出来高が130個のときと100個のときとでは、1個当たりの工数原単位は良品出来高の多いときに安くなるわけです。

---

※**歩留まり**：投入した原料や素材の量に対して実際に得ることができた出来高の割合のこと。

　また、良品100個必要な時に、とりあえず100個作ったら不良を20個出したので、追加で20個作って必要数に合わせたような場合は、不良の20個の原材料使用量分と追加の20個の原価原単位分が高くなります。

### ③機械占有時間のバラツキ

　段取り時間が短くできたロットの機械占有時間は短くできます。また、機械が非稼働時間や中断時間が無く、加工不良も無く短時間で加工できれば短くできます。さらに、後始末時間（食品工場では洗浄時間は必須）が早くできれば短くできます。

### ④その他変動原単位のバラツキ

　変動経費としては、副資材費、梱包資材費、電力消費量、灯油消費量などがありますが、いずれも資材のムダ使い、または電力や灯油のムダ使いを無くすように、省資材、省エネルギーの改善を行わなければなりません。

**個別実績原価のバラツキの収束（2-9-1）**

### ▶▶ 原単位のバラツキの収束とコストダウン

　図2-9-2に示すように、原単位データのバラツキのうち、原単位データの最も安い時の作り方（コストミニマム）を探し出して、その安い作り方が毎回できるよ

うになれば、高い作り方は無くなり、原単位データのバラつきは収束してコストダウンできることになります。

　同図の例では、ロットを作るごとに原単位データが＋20％〜−20％の間でバラついていたものが、収束改善によって−10％〜−20％のバラツキに収束できています。その結果として、約30％もの大幅なコストダウンが実現しています。

　このように、バラツキを収束させることができればコストダウンになるというのは、**第3の利益**を獲得する方法の一つです。

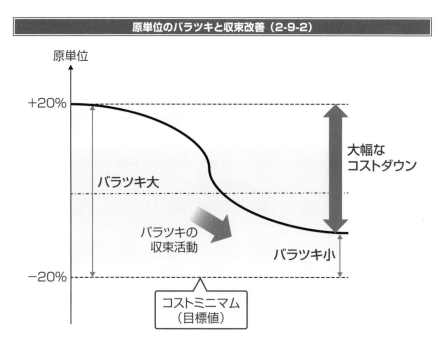

**原単位のバラツキと収束改善（2-9-2）**

# 第3章

# マネジメント管理の知識
## ——DX推進のための知識③

　工場の管理のうち、この章ではマネジメント管理についての知識について述べます。マネジメント管理は経営資源（ヒト、モノ、カネ、ジョウホウ）を活用して業績の向上を図る経営管理のことですが、この中でジョウホウ資源の活用にもっと注力されなければならないと思われます。

# 3-1
# 製造業の企業戦略と
# 工場経営戦略

製造業の基本的な企業戦略は、新製品開発戦略、営業マーケティング戦略、そしてコスト競争力戦略の3つです。また、工場の経営戦略では、「自動化省力化戦略」から「運用管理の革新戦略」へ、戦略の方向転換を進めなければなりません。

## ▶▶ 製造業の企業戦略

製造業の企業戦略は、**新製品開発戦略**と**営業マーケティング戦略**、そして**コスト競争力戦略**です。新製品開発戦略とは、他社よりも早く画期的な新製品を開発発売して市場を席巻することで、先行者利潤を得る戦略です。営業マーケティング戦略とは、営業販売的な手法で、主として**マーケット占拠率（市場占拠率）** ＊を高めることで営業利益を獲得する戦略です。そして、コスト競争力戦略とは、販売価格が競争によって下がっても、圧倒的な製造原価の引き下げにより、なお十分な利益を確保できるようにする戦略です。

### ①新製品開発戦略

顧客ニーズまたは顧客潜在ニーズにマッチした新製品をいち早く開発して販売し、他社より先行することによって、利益を独り占めしようとする戦略です。しかし、他社が類似の新製品を開発して追随してくるので、長い期間のリードはできないのが一般的です。したがって、さらに先を行く新製品を開発しなければなりません。

### ②営業マーケティング戦略

市場占拠率を高める戦術、販売価格の決定権を握る戦術、または顧客の嗜好を誘導する戦術などにより、営業利益を高める戦略です。しかし、他社も同じような戦略で来たときは、優位を保つのは至難のわざです。

---

＊**マーケット占拠率(市場占拠率)**：ある特定の市場全体の中で、その商品(製品やサービス)がどれくらいの割合を占めているかを示す比率のこと。

### ③コスト競争力戦略

　製造原価を引き下げることは企業内で可能であり、コストダウンに限界はありません。したがって、コストを引き下げることで、他社との競争で売価が下がっても利益を確保できるので、究極の企業生き残り戦略と言えます。

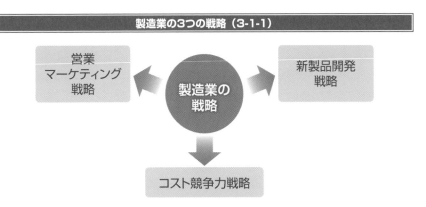

製造業の3つの戦略（3-1-1）

営業
マーケティング
戦略

製造業の
戦略

新製品開発
戦略

コスト競争力戦略

## ▶▶ 工場の経営戦略

　工場における戦略として取り組まれてきた**自動化・省力化戦略**は、終焉の時を迎えています。そして、これからは**管理運用の革新戦略**で行かなければならなくなってきています。それは需要環境の変化と、自動化技術の停滞と、ICT技術の急伸があるからです。

### ①需要環境の変化

　バブルがはじけて需要の減退が起こると時を同じくして**多様性需要**が始まり、これに対応するために、工場では**多品種生産・小ロット生産・短期間生産**をやらざるを得なくなってきました。

### ②自動化・省力化戦略の曲がり角

　このように、需要は多様性需要に変わって、工場では多品種・小ロット・短期間生産に移ってきましたが、**自動化技術**はNC工作機械と産業用ロボットとPLC制御装置を超える新しい製造マシンは未だに発明されないままです。多品種生産の自

動化マシンはできない、小ロット生産のための段取り自動化マシンはできない、ましてや短期間生産のために新製品作りへ変身できる自動化マシンは夢物語でしかないというように、自動化技術は停滞しています。

　このような自動化技術の停滞は、自動化マシンの価格競争を引き起こしました。安価になった自動化マシンは、同業他社はもちろん中小企業でも持てるようになって、自動化マシンを持てる工場と持てない工場の差別化は事実上なくなったのです。

　差別化に役立たない戦略は、その存在価値はなく、今や自動化・省力化戦略は曲がり角に立っています。

### ③管理運用の革新戦略

　他社や他工場とはどこで差別化すればよいのでしょうか。自動化・省力化が同等レベルとすれば、経営資源（ヒト、モノ、カネ、情報）の「活用の良し悪し」が差別化になってくるし、D（納期）、Q（品質）、C（原価）のコントロールの良し悪しが差別化になります。このことを**管理運用の革新戦略**とよべば、より精度の高い、よりスピーディな高度の管理や運用で、工場を革新する戦略があります。従来の管理が勘と経験による管理だったとすれば、情報とデータに基づく本来の管理に変えることです。具体的には、急伸するIoT技術とAI技術を用いて、正確でリアルタイムな情報やデータを用いて、マネジメント管理のマネジメント管理サイクルを回し、またはコントロール管理のPDCAのコントロール・サイクルを回すような管理に革新させなければなりません。

　このような管理と運用の革新によって、第3の利益（管理利益）を追求するようにした戦略です。

# 3-2
# 工場経営とは環境適応性の追求である

工場を囲むあらゆる外部環境は刻一刻と変化していきます。したがって、工場経営者は工場環境の変化に適応するように、工場の「モノづくり」と「管理」を変えて対応していかなければなりません。

## ▶▶ 外部環境変化への適応

### ①需要の変化への対応

工場環境の変化の筆頭は、需要の変化です。需要の変遷については、1-6節で述べました。需要の変化が**多様性需要**へ向かって進んでいて、工場ではこれに対応するために多品種生産・小ロット生産・短期間生産を強いられています。この多品種・小ロット・短期間生産を従来の管理のままで行えば、ムリ・ムラ・ムダの増大が起こり、工場現場の実態が見えなくなり、管理が行き詰まっています。したがって、新しいIoTやAIを取り込んだ、新しい管理に変革させなければならないことになります。

### ②顧客の嗜好や満足の変化への対応

次に大きな変化は、顧客の嗜好や満足の変化です。顧客の嗜好の変化では、たとえばコンビニのおにぎりは、昔はウメ、シャケ、オカカ、コンブが定番でしたが、最近はこのうちオカカとコンブはほとんど見かけなくなりました。その代わりに多様なおにぎりが幅をきかせています。また、顧客の品質に対する満足の変化では、製品そのものの不良がないのは当たり前で、工場の信用と信頼までなければ、満たされなくなっています。

このような顧客の嗜好や満足の変化に対応して、作る製品を変え、作り方を変え、作る仕組みを変え、さらに信用と信頼されることが保証されるように工場を変えていかなければなりません（ISO-9000の認証）。

### ③技術の変化への対応

工場で必要な技術は、モノづくりを変える自動化技術と工場管理を支援するICT技術（Information & Communication Technology：情報通信技術）です。

自動化技術は、NC（Numerical Control：数値制御）工作機械の発達と産業用ロボットの発達によって、モノづくりを大きく変えました。また、プログラム制御装置によって、自動化ラインを容易に制御できるようになりました。しかし、多品種・小ロット・短期間生産の生産性悪化は、自動化技術ではどうすることもできませんでした。

ICT技術は、コンピュータとネットワークの発達とIoT（モノのインターネット）やAI（人工知能）の技術進展によって、戦略的な工場変革の可能性が見えてきました。

これらの技術を工場へ取り込んで、どのようにモノづくりを変え、工場管理を変えていくのかが問われています。

### ④社会の変化への対応

製造業にとっての脅威となってきているのが、流通業の変化です。PB（プライベートブランド）の展開があります。また、問屋が無くなり、工場から物流センターへ、または工場から直接小売り店舗へと納めるように変わってきています。このような流通業の変化に対して、工場の生き残りをかけて、工場を変えていかなければなりません。

### ⑤法律や制度の変化への対応

決算の報告が1年、半期、4半期というように変化してきていますが、法的な規制や規制解除などもたびたび変わります。これら法律や制度の変化には、会社としても、工場としても従うしかありません。

### ⑥雇用形態の変化への対応

このほかに、雇用の形態が変わりつつあります。終身雇用がなくなっていく中で、技術や技能を維持することや、高齢化社会になっていく中で、退職していく人の技術や技能の継承をどうするかといった問題もあります。ここでも、雇用形態の変

化への対策を考えていかなければなりません。

### ⑦地球環境の変化への対応

　さらに、地球環境の変化があります。公害を出さないようにするだけでなく、省エネルギーや$CO_2$の削減対策にも取り組まなければなりません。

　このように工場を囲む環境は変化し続けていますから、これら環境の変化に工場を適応させていくこと、すなわち工場のモノづくりや管理などあらゆることを変えて適応させていくことが、工場経営管理者の最重要業務と言えます。

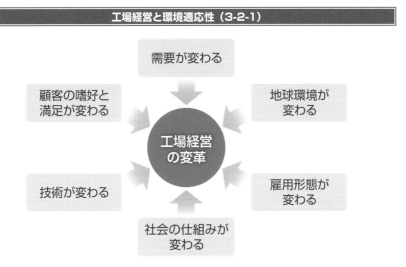

**工場経営と環境適応性（3-2-1）**

需要が変わる

顧客の嗜好と満足が変わる

地球環境が変わる

工場経営の変革

技術が変わる

雇用形態が変わる

社会の仕組みが変わる

第3章　マネジメント管理の知識──DX推進のための知識③

# 3-3
# 工場経営の課題はミクロの情報の中に潜む

4つの経営資源の中で、ジョウホウ資源の活用が最も遅れをとっているように見えます。情報の戦略的な活用として、①課題を見つけ出すこと、②実態をデータで顕在化させること、そして③ビッグデータから因果関係を探り出すこと、この3つを提案します。

## ▶▶ 課題を見つけ出すこと

作業者は作業を続けたいが、作業を中断せざるを得ない状態にされた理由、すなわち**作業中断の理由**の情報は、そこに課題が存在していることを示しています。

また、機械設備の**非稼働の理由**の情報は、そこに課題が存在していることを示しています。そして、ワーク（製造対象物）の流れでの**工程間滞留の理由**の情報は、そこに課題が存在していることを示しています。

このようなことからわかることは、「作業者が8時間作業して、その結果製品を50個作った」というような生産実績のマクロな情報では、そこに課題があることはわかりませんが、ある1人の作業者の作業中にたまたま起こった作業の中断という異常の理由といった詳細で濃密な**ミクロの情報**＊が得られれば、課題の存在を知らせてくれるということです。同じように、非稼働の理由も、工程間滞留の理由も、これらが得られれば、課題がそこにあることが明確化されるのです。

したがって、課題を捕まえたいのなら、ミクロの情報が得られるような仕掛け（情報システム化）を作っておかなければなりません。

## ▶▶ 実態をデータで顕在化（見える化）させること

改善やコストダウンが困難になったのは、目で見ても見えない、データ・サンプリング法も使えないというように、**実態把握**ができなくなったからであり、これは1-10節で述べました。

課題の改善においても、実態把握が重要です。生産活動の結果としての実績デー

---

＊**ミクロの情報**：濃密で詳細な情報のこと。

90

タや、生産活動に使われた工数データといったマクロの情報だけではなく、生産活動のリアルタイムな途中経過、チーム編成の変更やチョコ停などを含む製造履歴、そしてちょっとした異常の発生とその要因といったミクロの情報が自動的に採取されて、即座に提供されるような**情報のツール（道具）** *が無ければ、真の実態把握はできないのです。

　要するに、情報のツールを用いて実態をデータで顕在化（見える化）させることが重要です。それが**IoT**（モノのインターネット）です。

## ▶▶ ビッグデータから因果関係を探り出すこと

　ビッグデータができたとしても、そのデータの中から変革のための欲しい情報が引き出せなければ意味がありません。

　まずは、データの採取の時に「何を作っていた時のデータ」かがわかるように、インデックスとして製造番号、ロット番号、または品番のどれかで括られたデータになっていなければなりません。

　次に、あらかじめ因果関係がわかっているデータを検索するのは、検索エンジンと呼ばれるソフトウェアを使えばよいのですが、まだ因果関係のわからないようなデータを探し出して実態の悪い順に並び出すなどのことができれば、真の原因究明に役立つことになります。

　ビッグデータから因果関係が探り出せるような画期的なソフトウェアが必要です。それが**AI**（人工知能）です。

## ▶▶ ジョウホウ資源を工場の変革に活用

　工場において、4つの経営資源の一つであるジョウホウ資源の活用は、1-8節で述べたように、情報処理、情報活用と進められては来ましたが、他の経営資源の活用に比べて低いものでした。しかし、IoTやAIなどの新しいテクノロジーの出現によって、工場の課題を解決して変革を実現するといった、戦略的なジョウホウ資源の活用が可能になってきました。

　工場が外部環境の変化に対して適応していかなければならないことは、3-2節で述べました。適応のための工場の変革には、課題を探し出さなければならないし、実態をデータで顕在化させなければならないし、ビッグデータから因果関係を探

―――――
＊**情報のツール（道具）**：実態を正確に自動的に捕えて情報やデータとして提供してくれる情報システム的な道具のこと。

り出して解決策を実施して課題解決していかなければなりません。

　今まさに、工場の変革のためのジョウホウ資源の活用の新しい扉が開かれようとしています。

**戦略的な情報の活用（3-3-1）**

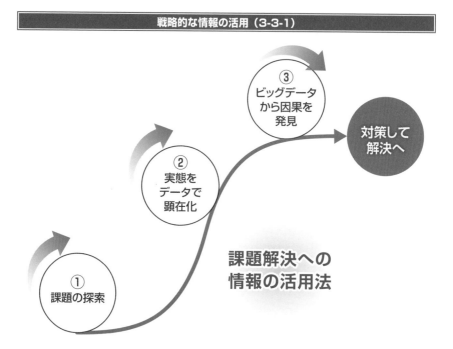

# 3-4

# ヒト資源は目標によって動く

作業者は、目標を意識して作業するときに、最もその能力を発揮できます。また、現場リーダーは、持ち場のDQCの目標や計画を意識して業務するときの臨機応変が、その担当工程のDQCの価値を高めることになります。

## ▶▶ 工場のヒト資源の活用

多品種・小ロット・短期間生産においては、現場の作業者と現場リーダー、そしてDQCのコントロール管理スタッフの働きぶりと仕事ぶりが、工程の納期と品質とコストを決定づけてしまうことになります。

## ▶▶ 作業者の働き

作業を指示するときに、この仕事を「何分」で、または「何時何分までに」するとの**目標**を付けて指示することが大切です。

最近の作業者は、セル生産（多工程を一人で受け持って完成させる方式）で一人ひとりが作業者であり、自己管理者であり、そして自分の仕事の改善者でなければならなくなってきています。

したがって、そこに目標が必要になってきています。目標に向かって作業して、目標と実績を見て自己管理（反省）し、そして実績が目標に未達であれば、明日への対策を考えるようにするためです。

このような自己管理をIoT化で実現した例を7-2節で述べているので参照ください。この中で使われているのが「改善カード」です。改善カードは、作業の実績値が目標値を超えたときに自動的に発行されるもので、作業者はこのカードに、①なぜオーバーしたのか、②次回の時は目標以内にするためにどうするかを書いて、現場リーダーに提出するようにして、自己管理をルーチン化するための道具としています。

## ▶▶ 現場リーダーの働き

　現場リーダーは、多品種・小ロット・短期間生産における**外乱**（生産のスムーズな進行を妨げる阻害要因）の嵐の中で即断即決の臨機応変を求められ、その意思決定と指示の良し悪しが、製造現場のロスと生産性をその場で決定づけていくことになります。すなわち、その判断が良かったときは、現場のロスの発生は少なくなり生産性は上がりますが、その判断が悪かったら、現場のロスの発生は増大し、生産性を低下させることになります。

　現場リーダーについては、作業者とは異なり、DQCの目標を与えて目標管理をするようにして、自己管理してもらうことです。このように重要な役割を担う現場リーダーの業務の情報支援については、6-3節で詳述します。

　現場のリーダーが作業者との関係で重要なのは、上記の改善カードには作業者の反省と次回への対策や意気込みが書いてあるので、これをコミュニケーションのツールとして活用して、作業者を目標時間の達成へ激励や助言できることです。

　また、改善カードの運用においては、目標値の与え方と目標値の更新に、マネジメント管理のポイントがあります。当初の目標値は、経験からの大まかなものでも構いません。なぜなら、作業が終わったら、実績値がIoTのデータとして直後に見る

### 作業者の自己管理と現場リーダーのリーダーシップ（3-4-1）

#### 作業者の自己管理

- P　目標の認識
- D　目標を意識した作業
- C　実績の自己評価
- A　自己対策

#### 現場リーダーのリーダーシップ

- PLAN　目標の提示
- DO　作業者の実積
- CHECK　枚数評価
- ACTION　激励・助言

ことができるので、実績値を加味して次の目標値にすればよいからです。発行された改善カードの枚数は、システムの運用開始からしばらく（2〜3か月）は大量に発行されますが、作業者が目標値を意識して作業するようになれば、発行枚数は減少していき、半年経つ頃にはほとんど出なくなります。そうなったら目標値を10%または5%カットして指示するようにして、これを繰り返していけば、運用開始1年〜2年で10%〜20%の工数のコストダウンが容易に実現できるのです。

## ▶▶ 生産管理、品質管理スタッフの働き

　生産管理スタッフのうち、調達、在庫、工程進捗の各スタッフの業務分析をしてみると、本来の業務と異常処理業務の比率が3対7といった本末転倒な工場を見かけることがあります。

　調達スタッフの場合は、納入業者や外注先が発注契約通りの品名、仕様、納期、数量で納入されないことがあれば、これの異常処理に追われます。在庫スタッフの場合は、欠品や在庫不足がわかって、その異常処理に走り回ります。工程進捗スタッフの場合は、ある工程の日限遅れがわかって、大慌てで異常処理に入ります。品質管理スタッフの場合は、クレームの後始末といった異常処理に忙殺されていることがあります。

　これらの異常処理業務を減らして、本来業務中心に戻さなければなりません。そのためには、工場の仕組み（組織、体制、制度）が関わっていて、この仕組みを変える発案者としての働きと、工場経営者に働きかけて、仕組みが変わって本来業務に戻るところまで見届ける働きが必要です。

# モノ資源を保全して働かせる

モノ資源の活用とは手持ちの機械設備を最大限に活用しているかという稼働管理と、機械設備が良く保全されていつでも使える状態に保たれているかという設備保全管理によって、モノ資源の活用を促進させることができます。

## ▶▶ 工場のモノ資源の活用

　工場におけるモノ資源とは、現有の機械設備を指していると見なします。その機械設備が最大限に活用されているかどうかは、マネジメント管理で管理されなければなりません。

### ①設備機械の最大限の活用

　各機械設備が最大限の活用がなされているかを評価する指数が**設備総合効率**です。設備総合効率は**時間稼働率**と**性能稼働率**、そして**良品率**の積で表されます。

---

設備総合効率＝時間稼働率×性能稼働率×良品率

　　　　　＝稼働時間／就業時間×実用速度／最高性能速度×良品数／
　　　　　製作数

---

　指数の意味は、時間の上でも性能の上でも、機械設備が精一杯活用されているかどうかのみならず、機械設備が不良をつくった時間はロス時間だったとして、不良を作らないで働くようにして、機械設備の活用を評価するものです。この指数の改善については、7-4節で述べます。

　この指数のマネジメント管理におけるもう一つの課題は、この指数値の非常に悪い、または指数値が極端に下がっていった機械設備をどのように考えるかというものです。要するに、使われなくなった資産をどう扱うのかの課題です。一般的に、使われない資産は、売却するか、資産簿から外すか、廃棄するかの経営判断を迫

られることになります。

　使われなくなったと評価する際に、その裏付けとなる情報は、時間稼働率の極端な低下です。また、別の評価の一助となる情報は、個別実績原価の情報です。仮に月に1回、1個だけの注文で、この注文の時しかこの機械が使われることがない場合、この注文の実績原価は当該機械の月額償却費分が実績原価に乗ることになり、明らかに採算が合わなくなるはずです。この場合、当該機械は不良資産化していると判断できます。

### ②設備保全管理

　機械設備を活用するには、機械設備が整備され保守されて、いつでも使える状態にしておかなければなりません。これが設備保全管理です。

　保全の方法は、①**事後保全**、②**予防保全**（TBM）、③**予知保全**（CBM）の3つがあり、設備機械の特性や重要度に応じて、3つの保全の方法から選んで保全して、そのライフサイクルの間活用できるようにしなければなりません。このことは第10章で述べます。

　設備機械は、終末故障期に入ると故障率が増加していき、故障のたびに保守をしなければならないために保全費がかさむことになります。このような時に、当該

モノ資源の活用（3-5-1）

設備総合効率を良く使う。

効率の悪い設備は不良資産だ。

モノ資源の活用

設備の重要度に応じた保全方式を選択する。

設備投資は多面的評価できめる。

設備機械を高い保全費をかけてまだ使うのか、それとも設備投資をして新しい機械設備に更新するかの経営判断を迫られることになります。

## ▶▶ カネ資源の活用

　工場におけるカネの活用の大きなテーマの一つは設備投資です。工場の機械設備は性能や効率の良い機械設備が次々に開発されるので、その投資効果を評価して投資しなければ、同業他社との競争に負けるかもしれません。ただしその評価には、機械設備のライフサイクル・コストを考えて、ただ単に投資金額だけでなく、運転コストや保全コストを加味したものでなければなりません。

　別のカネの活用で、キャッシュ・フローのコントロールは1-13節で述べましたが、在庫の圧縮と製造リードタイムの短縮が、工場における別のカネ資源の活用にほかなりません。

## ▶▶ ファシリティ・マネジメント（FM）

　工場のモノ資源の範囲を広げて、業務用不動産（土地、建物、構造物、機械設備）としたときの経営管理手法は、ファシリティ・マネジメント（FM）と呼ばれます。

　FMの定義は、「業務用不動産（土地、建物、構築物、機械設備等）のすべてを経営にとって最適な状態（コスト最小、効果最大）で保有し、運営し、維持するための管理手法」（日本ファシリティ・マネジメント推進協会）とされています。ヒト・モノ（商品）・カネ・ジョウホウの4つに加えて、ファシリティを5番目の経営資源に位置づけたものです。FMの業務サイクルは、戦略・計画、プロジェクト管理、運営維持、評価のサイクルを回して展開するとしています。

　FMの中には、従来の伝統的な施設管理（管財、営繕）も含まれますが、維持、保全のみならず、より良い在り方を追究するために必要な新しいファシリティ（たとえば情報システムやネットワーク等）の戦略的な導入なども含まれます。

# 工場DXの
# アプローチ
## ——DX推進のための知識④

　工場には、見えていない実態が多く残されています。この
ような実態をデータで見えるようにすれば、課題がわかります。
そして、課題となるデータが良くなるように変革をすれば、工
場の利益や生産性を向上することができます。これがデータ
を駆使した変革のアプローチです。

# 新たなデータで見える実態

> 従来から工場で用いられてきたデータは、生産の結果をマニュアル・インプット（手入力）したものが大半であり、生産の途中経過の詳細なデータや、ダイナミックな変化の様相のデータ、リアルタイムな今を示すデータによって、工場の実態を見ることはできませんでした。

## ▶▶ 今まで用いられてきたデータ

いままで工場で用いられてきたデータは、生産活動の実績結果を製造現場からマニュアル・インプット（手入力）して得られたデータです。たとえば、製造工程の実績は、ロット番号または製造番号（製番）ごとの生産数、不良数、不良内容別個数、作業者別作業時間、作業工数、製造履歴（4W1H）などのデータとしてマニュアルインプットされます。

### ①生産計画

これらのインプットされたデータをもとに、生産計画では、生産計画の3情報と言われる**標準時間データ**（ST）、**生産能力データ**、**生産進捗データ**（工程の製造完了を工程進捗とみなす）は、情報処理されて工場の基本データになります。

### ②生産管理

生産管理では、「調達の検収結果の入荷データ」「入荷データからの入庫数から生産実績分を差し引いた理論在庫データ」「工程の製造実績からの工程進捗データ」を用いて、生産のコントロール管理を行っています。

### ③品質管理

品質管理では、品質の実績データを分析して、品質コントロール管理を行っています。また、製造履歴データをもとに品質記録を残し、そのトレーサビリティ（追

跡）ができるようにして品質保証体制を取っています。

### ④実績原価管理

　実績原価管理では、**受注生産**においては、各工程の工数データをもとに製造番号（製番）ごとの工数が集計されて、製番の実績原価の**コントロール管理**を行うとともに、**製番損益**を計算して**マネジメント管理**に活用されています。一方、**仕込み生産**では、ロットの実績原価管理や**ロットの損益管理**は行われてきませんでした。

　いままで用いられてきたこのようなデータは、マニュアル・インプットという事務工数が必要であり、インプットの際には誤差を容認したりまるめられたりして、精度や信頼性に問題がありました。また、時間的に発生から相当遅れてインプットされたものであり、リアルタイム性も失われていました。したがって、それを情報処理したデータも、現場の実態からかけ離れた精度や信頼性になっていました。

## ▶▶ 見たことのない新たなデータ

　工場には、いままで用いられてきたデータ以外に、まだ見たことのない多くのデータがあります。生産の途中経過の詳細なデータやダイナミックな変化の様子を表すデータ、今現在を表すリアルタイムなデータなどです。このようなデータは、マニュアルインプットでは得られませんでしたが、新しい技術の出現によって得られるようになりました。

　IoT（モノのインターネット）によって、センサーから自動採取され、インターネットを介して自動的に集められた**ビッグデータ**が容易に得られるようになりました。また、AI（人工知能）によってビッグデータの分析や解析が容易になれば、今までは見えなかった生産活動の詳細実態や変化の様相の実態が、精度や信頼性が高くリアルタイムで見えるようになります。

### ①製造の途中経過の詳細データ

　製造の途中経過の新たなデータの例として、指示ロットの確認の画面タッチによって、タッチセンサーから段取り作業開始時刻データが得られます。段取り作業

中断があれば、画面タッチから中断開始時刻データと中断理由データが得られます。段取り再開の画面タッチから再開時刻データが得られますし、段取り作業が終了して製造が始まれば、出来高信号の発生によって、段取り終了時刻データと段取り時間データが得られます。

　また、製造が開始されて出来高信号が発生すれば、出来高信号センサーから製造開始時刻データ、製造数データ、稼働時間データ、非稼働開始時刻データが得られ、タッチセンサーから非稼働理由データが得られます。出来高信号が出なくなって、非稼働理由として作業終了の画面タッチがあれば、作業終了時刻データと製造時間データが得られることになります。

　これらに加えて、製造の途中に起こるイレギュラーなこと、例えば作業中断や非稼働などについても、作業中断時間データや作業中断理由データ、非稼働時間データや非稼働理由データとして得られれば、作業実態や稼働実態が明確になるばかりか、今まではわからなかった新しい課題を認識できることになります。

## ②ダイナミックな変化の様子のデータ

　多品種・小ロット・短期間生産の作業者の作業が、ダイナミックな様相を見せることは、1-9節で述べました。

　ダイナミックな変化の様子のデータ例としては、段取り作業の作業時間データがあります。段取り作業データの採取は①で述べたようにして行いますが、段取り作業の内容は前の作業の内容によって変わるので、段取り時間データも作業内容によって変わります。さらに、作業者の習熟度によっても、段取り時間データは変わります。

　このように作業の都度変わるデータの場合は、秒単位のデータでなければ、その実態はつかめません。また、付帯条件（ここでは前の作業のロット番号と作業者のID番号）を明確にして採取したデータでなければ、のちの活用ができません。

　このようにして得られた新たな段取り作業データを分析すれば、前後のロットの組合せの善し悪しや、適任の作業者がわかります。これを**差立て計画**で活用すれば、当該ロットを適任作業に割り付けるとともに、ロットの順序を決めて指示することによって、最も効率の良い段取り作業の差立て計画が可能になります。

### ③リアルタイムなデータ

リアルタイムなデータの例としては、作業進捗データや工程進捗データがあります。

作業進捗データは、採取方法は①で述べたものと同じです。採取されたデータをもとに情報処理を加えて、開始からの経過時間や累積の生産数を用いて作業開始からいままでの経過時間データまたは累積の生産数データになります。このようにして得られた作業進捗データによって、今現在の作業の進捗状況がわかり、かつ作業終了予定時刻の予測が可能になります。その結果、当初の差立て計画に対する作業進捗の遅れ進みがリアルタイムに得られるので、リーダーの即断即決を支援できるようになります。

工程進捗データは、ワーク（製造対象物）に付けたバーコードやRFID（無線メモリカード）などを工程の入口と出口で読み取って通過時刻データを採取すれば、ワークはいまどの工程にあるか、またはどの工程間にあるかがわかります。そして、工程内時間データや、工程間滞留時間データと滞留理由データ、製造リードタイム（ワークの初工程の開始時刻から最終工程の終了時刻までのトータル時間）のデータが得られます。その結果、ワークの流れの実態が詳細に見えてきます。

新たなデータで見る（4-1-1）

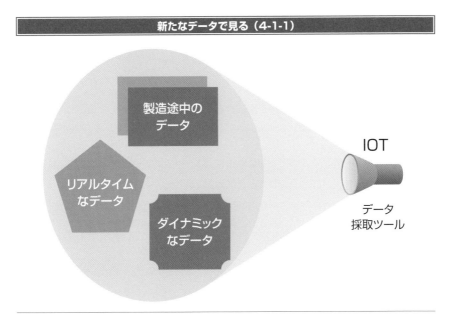

第4章 工場DXのアプローチ──DX推進のための知識④

# 4-2

# 見えていない真の実態

工場には、まだ見えていない実態、見たことのない実態が多く残されています。これらを新たなデータで見えるようにしたら、新しい課題が見つかるに違いありません。

## ▶▶ まだ見えていない実態の例

### ①実績原価の実態

**仕込み生産**において、決算書の製造原価は、決算期間のすべてのロット番号の製造原価を合算したものです。そのため、その中に赤字のロットがあったとしても、丸められて真の実態は見えていません。真の実態を見ようとすれば、各ロット番号の実績原価の4つの原単位データ（原材料使用量、作業工数、機械占有時間、変動原単位量）の採取が必要です。これが得られれば、ロットごとの損益がわかり、赤字ロットのコストダウン対策に踏み込むことができます。

**受注生産**における製番損益は、従来のデータでも把握できていますが、より精度と信頼性の高い新たなデータで見ることで、違った実態が見えてくるかもしれません。

### ②ムリ・ムラ・ムダの実態

**ムリ**とは、飛び込み、割り込み、特急といった仕事を生産現場に強いるものです。これをやると、生産現場の生産性は極端に悪くなります。これまで生産性の悪化を示す新たなデータがなかったので、実態が直視されてきませんでした。

**ムラ**とは、モノをつくる度ごとの品質のバラツキ、原価のバラツキ、工数のバラツキのことです。バラツキの実態を新たなデータで把握できれば、コストダウンできます。

**ムダ**とは、ロスのことで、製造現場においては時間のロス、材料のロス、不良のロスなどがあります。これらのロスの実態を新たなデータで把握できれば、改善

することができます。

　今までは、ムリ・ムラ・ムダについて、その実態をデータ化するのは不可能とされてきました。IOTによって、その実態を新たなデータで見ることができるようになれば、大きなコストダウンや改善の成果が期待できます。

### ③変わってしまった製造現場の実態

　1-9節で述べたように、多品種・小ロット・短期間生産によって製造現場は、ワークの複雑な流れ、仕事のダイナミックな切り替え変動、品質歩留まりの玉石混交の状態に変わってしまいました。しかしながら、工場の基本データとしての標準時間（ST）、生産能力などは、大量生産時にサンプリングで採取されたデータをもとにしているので、基本データと製造現場の実態との間には大きな乖離があります。

### ④仕事の進捗の実態

　「作業者や機械が今やっている仕事はAで、B個のうちのC個目を加工していて、あとD分でこの作業を終了する予定です」といった作業進捗の実態がわかりません。個々の部品について、「今加工されている工程はどこで、加工は着手されたのか否か」といった行程進捗の実態もわかりません。これらのリアルタイムな進捗の実態も見えていません。

### ⑤生産の仕組みの悪さの実態

　製造現場の作業者の作業中断、機械の非稼働、ワーク（製造対象物）の流れにおける工程間滞留など、そのほとんどの原因は、当該工場の生産の仕組み（生産計画や作業指示の仕組み、調達の仕組み、在庫の仕組みなど）の悪さにあります。しかし、その実態が捉えられていないので、悪さが放置されています。

### ⑥機械設備の健康状態の実態

　機械設備は、経年劣化や摩耗劣化していきます。しかし、その健康状態の実態がわからないために、故障してから復旧させるという保全が行われてきました。健康状態がデータでわかれば、故障になる前に保全ができます。

　このように、真の実態がデータや情報としてわからないまま、勘と経験によって仕事が行われてきています。実態を新たなデータで見られるようにすることが先決です。新たなデータで見れば、そこから多くの新しい課題が見つかるに違いありません。

**見えてない工場の実態（4-2-1）**

# 4-3
# データを駆使したDX
# （デジタル変革）

　工場には真の実態が見えていない部分があるので、これを新たなデータで見えるようにすることが先決です。次に、得られた実態データを分析して、新しい課題を見つけます。そして、その課題に対して、従来のことを変える対策を打ちます。最後に、実態データが目標値に達するまで、対策を変えながら改善のPDCAを回し続けて、データを駆使した変革を達成させます。

## ▶▶ 実態を新たなデータで見えるようにする

　いままで「見えない」または「見ることが困難」とされてきた実態を、データで把握するためのツールがIoTです。IoTによって、途中経過の詳細なデータ、ダイナミックな変化の様子を表すデータ、今現在の状態を表すリアルタイムなデータなどの新たなデータで実態を見ることができるようになりますし、ビッグデータも得られるようになります。

## ▶▶ 新たなデータを分析して課題を見つける

　新たなデータを見ただけで課題が見つかることもありますが、ビッグデータを分析することで、より深部の課題を掘り起こすことができるかもしれません。また、ビッグデータをAIによって分析することで、複雑に絡み合った原因の探求まで踏み込むことができるかもしれません。

## ▶▶ 変える対策を考える

　課題がわかり、原因が突き止められたら、その対策を考えなければなりません。
　対策としては、従来からの組織、制度，規格、製造資源（機械、設備、作業者）またはモノづくりを変えなければなりません。これらを順序立てて変える場合もあるし、場合によってはこれらのうちから2つまたは3つを同時に変えなければならないこともあります。

対策が的を射ているか否かは、実態データが改善されたかどうかで判断します。

## ▶▶ 新たなデータの鏡で見てPDCAを回す

変革の目標値（P）に向かって、対策を実行(D)して実態データを採取し、目標値と実態データを比較評価（C）して、対策（A）を見直す、という**改善サイクル**を回して、変革の目標値に達するまで続けます。

これによって新たなデータによる変革が達成されたら、工場の増益や生産性の向上が実現されることになります。

| データ駆使のDX（4-3-1） |
| --- |

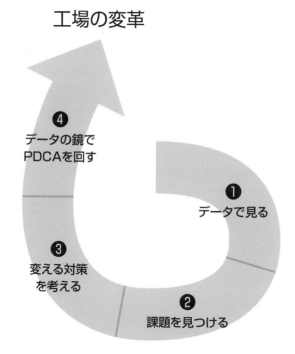

工場の変革

❹ データの鏡で
PDCAを回す

❶ データで見る

❸ 変える対策
を考える

❷ 課題を見つける

# 確かなDXの進め方
## ——DX推進のための知識⑤

同じ工場は2つと無いわけですから、その課題もそしてあるべき工場の姿も、工場によって全く異なります。したがって、工場のDX（デジタル変革）の進め方も、また異なることになるでしょう。ただし、第1章〜第3章までで述べてきた工場の本質的なところや、やるべき管理を外すことなく変革に向かえば、確かな工場のDXの変革をなしとげることができます。

# DXの定義と変革推進者の役割

　DXの定義を要約すれば、データとデジタル技術を活用して、企業のいろいろな面での変革を成し遂げて、競争の優位性を確立することです。ここでは、工場経営管理者が工場の課題を無くすと同時に、戦略的な情報活用によって工場を変革させて、競争に打ち勝てるようにすることを考えます。

## ▶▶ DX（デジタル変革）の定義

　**DXの定義**は、「企業がビジネス環境の激しい変化に対応し、データとデジタル技術を活用して、顧客や社会のニーズを基に、製品やサービスまたはビジネス・モデルを変革するとともに、業務そのものや組織、プロセス、企業文化、風土を変革し競争の優位性を確立すること」です。

　このDXを推進するためのテクノロジーとしては、最近の**IoT**（Internet Of Things：モノのインターネット）や**AI**（Artificial Intelligence：人工知能）などがあり、これらはすでに利用可能な技術になっているので、これらを活用して工場の変革を実現しなければなりません。

### DX（デジタル変革）の定義（5-1-1）

#### DXの定義

『企業がビジネス環境の激しい変化に対応し、データとデジタル技術を活用して、顧客や社会のニーズを基に、製品やサービスまたはビジネス・モデルを変革するとともに、業務そのものや組織、プロセス、企業文化・風土を変革し競争の優位性を確立すること』

## ▶▶ DXにおける手段としてのIoTシステム

　　工場のDXは、工場が課題としているテーマがあって、そのテーマの変革をしようとするときに、変革の目標に対して現状の実態を知って、実態を目標に近づけるように変えていくことです。このときに、現状の実態をデータまたは情報として提供してくれる手段としてのIoTシステムと、得られたデータや情報から原因や相関を探索する手段としてのAIシステムを活用することにより、変革の推進は容易になるはずです。

　　要するに、**変革推進者**は、変革テーマの対象の「今の実態」を精度の高い情報やデータとして得て、今の実態と変革の目標との差異を明確に認識できるようにするために、IoTシステムを用いるものです。また、AIシステムはデータを分析して、その原因や相関を確信して変革を推進できるようにするために用いるものです。

　　今までに導入されてきた会計経理、生産管理、ERP（基幹統合）などの情報処理や情報活用の情報システムの場合は、業務機能を情報的に支援するものでしたから、工場経営者は情報技術者やシステムメーカーにその業務分析や要件定義からシステム構築までを一任できてきました。

　　しかし、**変革の手段としての情報システム**<sup>*</sup>は、変革推進者（工場経営者または変革プロジェクト・チーム）が、変革のテーマを決めて、変革の過程で必要となるデータや情報を要求仕様の形でまとめた後で、システムメーカーに手段システムの開発を依頼するようにしなければなりません。

## ▶▶ 変革推進者の役割

　　上記のDXの定義でもわかるように、DXは戦略的な情報活用によって工場の根本的な変革を達成しようとするものです。

　　工場の変革に当たっては、変革の推進者が自ら主体となって、工場の課題を探求し、テーマを決めて経営戦略を立て、変革のビジョンを描きます。そして、変革の手段としてのIoTやAIのシステムへの要求仕様をまとめ、出来た変革の手段システム（IoT、AIシステム）から得られるデータや情報を使いながら変革を推進して、工場の課題を潰していき、経営戦略の目標を達成するようにしなければなりません。

---

＊**変革の手段としての情報システム**：変革を行うときの武器や道具となる情報システムのこと。

# 5-2
# 新しいテクノロジー 「IoT技術」と「AI技術」

IoT（モノのインターネット）の実態把握は、センサーからのデータを自動採取し、インターネットを介して収集してビッグデータとし、これを分析解析して課題を解決する技術のことです。AI（人工知能）は、ヒトの知能を肩代わりして、学習して推測や判断の能力を成長させることができる技術です。

## ▶▶ IoT（モノのインターネット）

**情報処理システム**は、その誕生の時から長い間、情報の入力においてマニュアル・インプット（手入力）の拘束から逃れられないできました。しかし、IoT（またはPOP）の出現によって、その拘束から解放される（インプットレス）と同時に、リアルタイムな情報の活用が可能になり、今後の工場情報活用に大きな展開が期待できるようになりました。

**IoT**（Internet Of Things：モノのインターネット）とは、2015年にドイツのインダストリー4.0（第4次産業革命）の中で必要技術とされたもので、「センサーからのデータを自動採取し、インターネットを介して収集してビッグデータとし、これを分析解析して課題を解決する技術」のことです。

IoTの原理図は、**図5-2-1**に示します。いくつかのセンサーからの信号は、自動採取され、インターネットを介して収集され、データベース化されて**ビッグデータ**となります。そして、このビッグデータを分析解析するソフトウェアを用いて実態の本質を抉り出し、課題を解決するソフトウェアによってソリューション（解決）するものです。

これを情報処理の流れに沿って図にしたものが、**図5-2-2**です。センサー（物理センサー、化学センサー、光学センサー、映像センサー等）からの信号は、インターフェイスを通して端末器に集められ、信号情報の前処理とデータ化を行って一時蓄積され、インターネットによって送受信されて、データのインデックス処理やコード化処理の後、データベース化されてビッグデータとなります。このビッ

グデータを分析、解析するソフトウェアによって実態を明らかにして、課題解決ソフトウェアによって解決できるようにするものです。

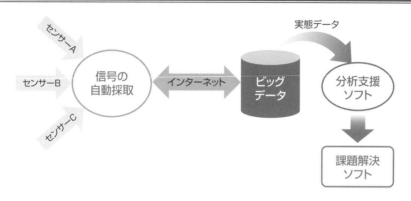

**IoT（実態把握機能）の概念図（5-2-1）**

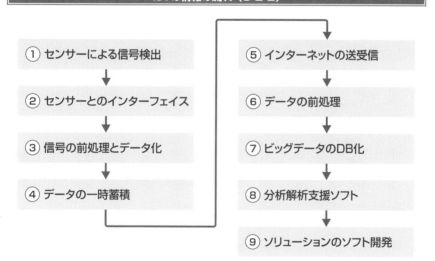

**IoTの情報の流れ（5-2-2）**

① センサーによる信号検出

② センサーとのインターフェイス

③ 信号の前処理とデータ化

④ データの一時蓄積

⑤ インターネットの送受信

⑥ データの前処理

⑦ ビッグデータのDB化

⑧ 分析解析支援ソフト

⑨ ソリューションのソフト開発

## ▶▶ AI（人工知能）

　AI（Artificial Intelligence：人工知能）には、明確な定義はまだありません。ヒトの知能を肩代わりする技術を目指して、まだ発展途上の技術だからです。

　初期の頃は、与えられたプログラムによって、大量で複雑な情報処理や判断処理をするものをAIと呼ぶこともありました。ある現象が数十の変数の組み合わせから生じていることがわかったときに、何千、何万もの組み合わせの一つ一つを全部評価して、与えられた評価点に最も近い1つの組み合わせを探し出すようなことが、高速で高性能なコンピュータの出現もあって可能になってきました。また、当面の事例に対して、過去10年間の何千、何万もの事例から類似の事例を探し出すようなことも、瞬時に容易にできるようになってきました。

　初期的なAIから次の段階に進めたのが、ニューラルネットワーク（脳の神経細胞組織をモデルにしたもの）を活用した**ディープラーニング**という学習技術です。これによって、自分で学ぶAIへの道がひらかれることになりました。具体的な例として知られるようになったのが、2012年に発表された「AIがディープラーニングで猫の概念を理解した」とされるものです。すなわち、大量の画像から画像分類を自分で学び取り、自分で修得した特徴を抽出する技術を使って、猫を探し出すことができたというものです。

　また、学習と経験の積み重ねによる知識を基に、新しい現象に対してこれを評価し判断するような実用的なAIプラットフォーム「ワトソン」がIBM社から売り出されていて、AIは身近なものになってきています。

　このような技術進歩にあって、IoTによってセンサーから直接的にデータが採取できるようになって、濃密で詳細なデータの集合体であるビッグデータを作ることができるようになりました。そして、ビッグデータの中のデータの抽出、分析、解析、評価の点で、AI技術が使えるようになってきたので、これを工場の変革に役立てることができるようになってきました。

# 5-3

# 確かなDXの進め方

工場のDX推進の進め方について、全体の流れを示します。まずは工場の経営課題を抽出し、工場の経営戦略を立てます。そして、DX推進のビジョンを作り、変革の手段としてのシステムを構築し、システムから得られるデータを活用して変革を推進します。

## ▶▶ 工場の課題を抽出する

最初に、工場の課題を抽出するところから始めます。

工場の課題は組織階層（工場経営層、DQCコントロール層、現場監督層（製造現場課長）、現場リーダー層、作業者層）といった各階層の持つ課題があります。また、業務機能（総務、会計・経理、勤労、調達、製造、品管、保全など）の部や課の持つ課題もあります。これらから、その課題を探し出します。

## ▶▶ 工場の経営戦略を立てる

工場の課題を抽出したら、次に工場の経営戦略を立てなければなりません。経営戦略としては、次の5つの戦略のうちから決定して進めることにします。

---

①製造現場の情報化戦略

②コストダウンや改善の変革戦略

③DQC管理の高度化戦略

④間接業務革新戦略

⑤保全業務の変革戦略

---

## ▶▶ 変革達成までのDXビジョンを作る

工場の経営戦略に基づいてIoTシステムを作り、これを用いて当面の課題を解決するとともに、経営戦略の目標に向けて推進して変革を達成するまでのビジョンづくりを行います。

## ▶▶ IoTシステムを構築する

DXの目的は、工場の変革です。IoTシステムはその手段にすぎません。IoTシステムは、変革の目的に向かう過程で、現在の企業の実態を正確で信頼性高いデータや情報にして変革推進者に提供するためのものです。

この変革の手段としてのIoTシステムを構築します。

## ▶▶ データの活用で変革を推進する

DXの目的はあくまで工場の変革です。IoT、AIシステムから提供されるデータや情報を見て、工場の現在の実態を知って、戦略目標に近づけていくように変革を推進します。

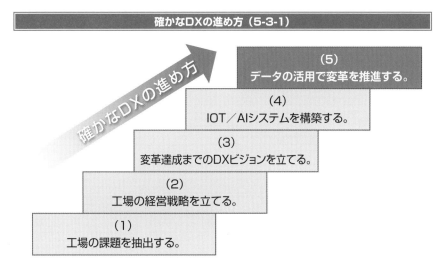

確かなDXの進め方（5-3-1）

（5）
データの活用で変革を推進する。

（4）
IOT／AIシステムを構築する。

（3）
変革達成までのDXビジョンを立てる。

（2）
工場の経営戦略を立てる。

（1）
工場の課題を抽出する。

# 5-4

# 工場の課題の抽出

最初に、工場の課題を抽出するところから始めます。著者の経験から、工場は次の5つの課題を抱えていると思われます。①製造現場の事務工数増大、②コストダウンや改善の行き詰り、③クレーム削減や納期短縮、④間接業務の生産性停滞、⑤保全業務の旧態依然

## ▶▶ 工場の課題

工場の課題は各工場で異なりますが、これを抽出するためには、工場の各層や各部署からアンケートを採り、そして組織のグループ単位のヒヤリングをして抽出します。

ここではよくある課題のどれかを抱えていることを想定して、課題解決への糸口を見つけることにします。

## ▶▶ 製造現場の事務工数増大の課題

製造現場からの生産出来高報告、実績工数報告、異常や不良報告などが、**多品種・小ロット・短期間生産**の中で桁違いに増加したロットごとに求められるばかりか、それらのデータを情報システムへ**マニュアル・インプット**（手入力）することも要求されて、これらの事務工数は増大するばかりです。

## ▶▶ コストダウンや改善の行き詰りの課題

多品種・小ロット・短期間生産を行う工場では、1-9節で述べたように、現場の実態が複雑で、ダイナミックで、玉石混交に変わって、その実態が目には見えなくなっています。その結果、今までの改善手法の**データ・サンプリング法**も使えなくなっていて、コストダウンや改善ができにくくなっています。

## ▶▶ クレーム削減や納期短縮の課題

　**クレーム**を減らすには、日常発生している不良や異常を一つ一つ丁寧に、二度と起こらないような発生を止める対策がなされることです。こうして製造現場から不良や異常の発生が減っていけば、その結果としてクレームが減っていくということなので、これを実現するしかありません。

　短納期化の課題については、すぐに思いつく対策は在庫を持つというものです。しかし、在庫はカネを払った証ですし、在庫は実態を見えなくする欠点もあるので、在庫を極力持たずに、製造リードタイムを短縮し、進捗のコントロール管理を高度化することで対応するようにします。

## ▶▶ 間接業務の生産性停滞の課題

　**工場の生産性**を左右するのは4つあります。①「計画通りに仕事が流れること」、②「生産の仕組みが良好に機能すること」、③「現場リーダーの業務遂行次第」、④「作業者の改善意欲次第」です。このうち①と②は、工場の経営管理者とそのスタッフのいわゆる間接的業務であり、それぞれの業務を革新させなければなりません。

**課題を抽出する（5-4-1）**

工場の水面下の課題

CDと改善の行き詰まり

間接業務の生産性停滞

クレーム削減

保全業務の旧態依然

製造現場の事務工数の増大

納期短縮

## ▶▶ 保全業務の旧態依然

　保全業務は、自動化機械設備が次々に導入されて保全対象物が増加の一途をたどっている中で、旧態依然として変革されないままで来た業務の一つです。

　これを変革するには、事後保全のみとしてきた業務を予防保全や予知保全に変えて、保全マンのマインド（意識）を設備の健康管理者に変えていかなければなりません。

# 受注生産工場の赤字製番撲滅──変革の種④

　D社は、半導体製造装置のメーカーです。顧客の仕様に合わせて装置を設計し、部品を加工し、装置を組み立てて、性能の検査をして出荷するという受注生産の工場です。製番の損益を赤字にしない方法はあるのでしょうか。

　工数原価管理システムは、工程ごとの仕事に対して、目標工数（見積工数）を示し、目標工数を意識して作業してもらいます。そして、実績工数が目標工数よりオーバーしたら、その対策として改善カードを書かせるようにして、コントロール管理します。改善カードには、①「なぜ、オーバーしたのか？」、②「次回の同様仕事のときはどのようにして目標工数以内にするつもりか？」を作業者に書いてもらいます。

　D社は、工数原価管理の手法を実施した結果、製番損益はみるみるうちに改善し、赤字製番の撲滅に成功して、決算は大幅に改善されました。

　通常の経営管理では製番損益の結果を見て赤字を嘆くばかりでしたが、モノづくりの途中経過の中で工数原価のコントロール管理がうまくできれば、製番の赤字を撲滅することができます。

# 5-5

# 工場の経営戦略の策定

工場の課題を抽出したら、次に工場の経営戦略を立てなければなりません。経営戦略としては、次の5つの戦略のどれかに決定して進めます。①製造現場の情報化戦略、②コストダウンや改善の変革戦略、③DQC管理の高度化戦略、④マネジメント管理の革新戦略、⑤保全業務の変革戦略です。

## ▶▶ 工場の経営戦略

工場の課題を挙げましたが、それぞれの課題は相互に複雑に絡み合っています。そこで、課題を整理して、改めて工場の経営戦略として練り直し、次の5つの戦略テーマに絞り込んだとして、変革への道を進めることにします。

## ▶▶ 戦略テーマ1：製造現場の情報化戦略

製造現場の現場監督や現場リーダー、そして作業者を、一切の事務作業（出来高集計、日報作成、マニュアル・インプット等）から解放します。それとともに、業務や作業へ必要な情報支援をすることで、製造現場の納期、品質、原価、（DQC）の価値を高めるようにする戦略です。

また、現場リーダーの業務を分析して、業務機能ごとに必要な情報を支援するようにして、現場リーダーの業務を変革させることも実現させます。

## ▶▶ 戦略テーマ2：コストダウンや改善の変革戦略

IoTによる個別実績原価管理システムをつくり、IoTによって製番別、ロット別、品番別で実績原価の4つの原単位（原材料使用量、作業工数、機械占有時間、その他の変動費）のデータと、その製造履歴データを自動採取して、ビッグデータを構築します。機種ごとの各原単位に対して最も安い時の原単位データを探して、それを目標値として設定し（P）、ロットごとに採取された実態の原単位データ（D）と比較評価し（C）、実態を目標に近づくように対策して（A）、コストダウンを実

現します。

　また、ムリ・ムラ・ムダは、顕在化（見える化）ができないために、改善を放棄してきました。これに対して、現場改善のIoTシステムを作り、これによってムリ・ムラ・ムダのデータ取得を自動的にできるようにします。さらに、得られたデータを自動的な分析の図表にして改善の場に提供して、改善のPDCAをその場で回せるようにすることで、改善の成果を素早く獲得できるようにする戦略です。

## ▶▶ 戦略テーマ3：DQCコントロール管理の高度化戦略

　従来の情報システムはマニュアル・インプットによる情報の入力を前提にしていますが、これをIoTによってセンサーからの自動入力に変えるだけでもメリットがあります。同時に、IoTでは詳細な秒単位のリアルタイムな情報も得られるので、これを用いてDQCのコントロールの高度な情報支援が可能になります。このようなコントロール管理の高度化を達成する戦略です。

　生産進捗管理では、IoTによって工程進捗や作業進捗がリアルタイムに把握できるようになり、また工程間の滞留時間や製造リードタイムのデータが得られるので、納期遵守や短納期対応が可能になります。

　品質管理では、IoTによって品質情報と製造履歴情報を一体としたビッグデータを作り、これを解析することで、今まで追求できなかった品質のさらなる高度化を達成できます。

　在庫管理では、RFID（非接触メモリカード）タグを用いてIoT化すれば、実在庫の正確な把握が可能になって、在庫の最適コントロールができます。

## ▶▶ 戦略テーマ4：マネジメント管理の革新戦略

　BPR（業務革新）によれば、工場の経営管理者とそのスタッフなどの間接業務者に、必要な情報を必要な時に提供すれば、業務の速度と精度は革新されます。これをマネジメント管理者の生産性向上に応用すれば、期待する効果が得られます。また、工場経営者にとって経営に必要な「ロットの損益」を提供して、経営の意思決定を支援するなど、業務を革新する戦略です。

## ▶▶ 戦略テーマ5：保全業務の変革戦略

　故障の後でこれを修復することを繰り返すような、一般的に行われてきた保全業務の場合には、故障の無い時間帯に、保全日誌や巡回点検記録などの事務作業で時間をつぶす姿が見られます。また、上記のような保全業務に携わる保全マンは、異常対応と保守に追われる受け身の業務が習い性になって、そのマインドは低いままです。

　これを、保全マンは設備機械の健康管理者（保険医）として、設備機械の健康の限界を把握して、故障になる前に計画的に保全するように業務変革します。

**工場のDX戦略（案）（5-5-1）**

# 5-6

# DXの変革推進のビジョン

工場経営戦略に基づいてIoTシステムを作り、これを用いて当面の課題を解決するとともに、経営戦略の目標に向けて推進して、変革を達成するまでのビジョンづくりを行います。

## ▶▶ DXのための変革推進のビジョンづくり

ここでは例題として、工場の課題は**コストダウン**で、経営戦略は**実績原価の活用戦略**とした場合の**変革推進ビジョン**を作ることにします。

戦略に沿って、IoTによる個別実績原価管理システムを作り、課題のコストダウンを実現します。また、ロットの損益を明確にして、赤字ロットの撲滅対策や製品アイテム販売戦略の見直しなどに活用します。その後は、ST（標準工数）や生産能力など工場の実態に即した基本データの更新を行うなど、戦略的な実績原価のデータ活用によって企業価値を高めます。

### ①原単位センサーからの採取

IoTによる個別実績原価管理システムの構築は、原単位データをどのセンサーからどのようにして採取するかを検討するところから始めます。

ロットごとの実績原価の原単位データを採取する場合、①**原材料使用量**、②**作業者の工数**（時間×人数）、③**機械の占有時間**、そして④その他**変動原単位**の4つのデータを自動採取します。

### ②ロットの製造履歴情報の採取

当該ロットがどのようにして作られたかを示す**製造履歴情報**は、分析の時に必要になるので、ロットの**トレーサビリティ・**システムがあれば、そこからデータをもらいます。それがなければ、ロットごとの4W1H（Who, What, Where, When, How）も、自動採取するようにしなければなりません。

第5章 確かなDXの進め方──DX推進のための知識⑤

### ③原単位データと製造履歴データをロット番号で括る

　センサーから得られたデータは、どの**ロット番号**を製造した時のものかがわからなければ、使いものになりません。重要なことは、採取されたデータはロット番号ごとに括っておかなければならないことです。

### ④実績原価原単位のビッグデータの蓄積

　ある品番を作るロット番号のときに、その製品がたどった各工程で、どのようにして作られたかの製造履歴（**4W1H**）の情報が必要です。また、当該ロット番号がたどった工程で4つの原単位をどの量や時間を使って製造されたかという情報も必要です。このような詳細で濃密なデータを、工場で生産した全ロットについて収集したデータの集合体である実績原価原単位の**ビッグデータ**を作ります。

### ⑤データの分析解析をして因果や相関の探求

　ビッグデータから同一品番の全ロットの原単位データを取り出して比較してみれば、ロットごとに原単位データが大きくバラついていることがわかります。原単位データのバラツキの原因は、モノを作るごとのわずかな違いから起こっていることが、製造履歴データから容易にわかります。

　しかし、より複雑な原単位データとモノづくりの関係性を探るAIによる分析手法が必要になるかもしれないし、歩留まりを良くしながらかつ安くつくるモノづくりの作り方が見つかるかもしれませんが、それはDXを推進してみないとわかりません。

### ⑥解決策の決定

　データ分析の結果から、一つの解決策は、バラツキの中で原価的に最も安くできたロットの作り方に、これから作るすべてのロットの作り方を統一（標準化）することです。そうすれば、バラツキは安いところに収束できて、以後は高いロットで作る分が無くなることでコストダウンできることになります。作り方の統一というのは、いわゆる標準化のことで、作業手順書等を詳細にして、作業者に手順書通りの作り方を徹底してもらうことになります。

　AIの分析から別の解決策も見つかるかもしれないし、それがコストダウンをも

たらすかもしれませんが、これもDXを推進してデータを見なければわかりません。

### ⑦変革の推進

　いろいろな品番のロットごとのバラツキについて、これが収束に向かっているかどうかを定期的に検証します。場合によっては、モノづくり、生産の仕組み、そして規定やルールを改訂しながら、全品番のコストダウンの目標値に達成するまでフォローし続けなければなりません。

　また、AIの分析から、別の解決策についても挑戦してみて、新たなコストダウンの方策を模索して、戦略目標に達するまで続けなければなりません。

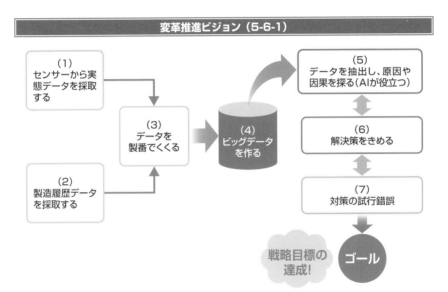

**変革推進ビジョン（5-6-1）**

(1) センサーから実態データを採取する

(2) 製造履歴データを採取する

(3) データを製番でくくる

(4) ビッグデータを作る

(5) データを抽出し、原因や因果を探る（AIが役立つ）

(6) 解決策をきめる

(7) 対策の試行錯誤

戦略目標の達成！

ゴール

# 5-7

# IoT、AIシステムの構築

DXの目的は、あくまで工場の変革です。IoTシステムは、その手段にすぎません。変革の目的に向かう過程で、今の企業の実態を正確で信頼性高いデータや情報を提供することで変革を導き、変革を達成できるように支援するものです。

## ▶▶ 手段としてのIoTシステムの構築

DXのためのIoTシステムは、従来の情報システムが機能を中心にして構築してきたのに対して、あくまで企業変革の経営戦略に沿って変革に必要な情報を提供して、変革を支援するシステムでなければなりません。

前述のDXの変革推進ビジョン（5-6節参照）に従って、IoTシステムを構築します。

### ①センサーを探すまたは新設

工場のIoTシステムの場合、必要なセンサーの大半は、機械や製造ラインの制御用センサーを流用できます。また、オンラインの計測器、計量器や試験機も備えられていることが多いので、新設しなければならないものは限られます。新設が必要と思われるのは、RFID（無線メモリカード）の無線機やビデオカメラなどです。もちろん、制御用センサーから流用するときには、絶縁アンプを介して制御系に影響が出ないようにして信号をもらうようにしなければなりません。

実績原価の原単位データを採取する場合には、センサーや計測器、試験機などからデータを採取することになります。

工程ごとの製造履歴情報は、仕事履歴の4W1H（Who、What、When、Where、How）情報と呼ばれるもので、誰が、何を、いつ、どこで、どのようにして（制御条件等）製造したかの情報を採取することになります。

## ②現場端末器の設計

　**現場端末器**のハードウェアとしては、マイコンCPU、タッチセンサ付き液晶パネル、**インターネット**の送受信回路、複数のRS232Cポート、複数のデジタルI/Oポート、そして複数のアナログI/OポートとAD変換回路が必要です。

　その機能としては、下記のようなものを具備させます。

---

①差し立て計画システムからインターネットを介して作業指示を受け取る。

②画面のタッチセンサと各ポートからの信号を前処理（時刻付加、カウント、経過時間の積算、信号採取時の条件の付加等）してデータとして採取する。

③採取されたデータを作業指示されたロット番号で括る。

④ロット番号付きの生産進捗情報と生産実績情報は、作業完了時点でインターネットを介して生産管理システムに送信する。

⑤ロット番号付きの実績原価原単位情報と製造履歴情報は、これも作業完了時点でインターネットを介してサーバに送る。

⑥④と⑤のデータの一時的な蓄積（バッファ）が必要になることがある。

---

　このうち現場端末器の機能の上で最も重要な機能が③です。

## ③インターネットへ接続

　現場端末器のソケットAPI（Application Programming Interface）によってインターネットに接続します。サーバとのデータの送受信は、TCP/IPプロトコル（通信規約）の手順によって行われます。

## ④データベースの前処理

　ランダムに送られてくるデータについては、そのままだとこの後の検索に時間がかかりすぎるので、データに検索しやすいインデックスを付けるか、またはキーワードのコードを付けたりした後、データベースに収めてビッグデータをつくるようにします。

## ⑤検索されたデータ群の情報処理

　よく用いられるのが、品種ごとにすべてのロットのデータを検索して、実績原価の大きなロットから小さなロットの順にランキングします。さらに、原単位ごとにロットをランキングするようなことです。

　また、ある工程における原単位ごとのランキングをして、原単位のデータの大きなロットの製造履歴と小さなロットの製造履歴を比較して表示するような情報処理のことです。

## ⑥グラフや図表の提供で変革を支援する

　**ビッグデータ**から、今までは隠されてきた実態をどのように読み解くかが重要であって、そのために仮説を置いてデータを分析するようなことも必要です。たとえば、原単位データと4W1Hのデータとから、原価を安く作る要因、または原価が高くなる要因が明らかになれば、解決策は見えてきます。

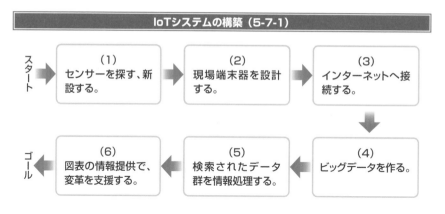

IoTシステムの構築（5-7-1）

スタート → （1）センサーを探す、新設する。 → （2）現場端末器を設計する。 → （3）インターネットへ接続する。

（6）図表の情報提供で、変革を支援する。 ← （5）検索されたデータ群を情報処理する。 ← （4）ビッグデータを作る。 ゴール

# 5-8

# データの活用で変革の推進

　　DXの目的はあくまで工場の変革ですから、IoT、AIシステムから提供されるデータや情報を見て、工場の現在の実態を知って、経営戦略の目標に近づけていくように変革を推進します。

## ▶▶ IoT、AIシステムの活用体制

　　IoTの特徴は、ペーパーレスでインプットレスなデータを正確にそして密度高く自動収集できることで、今までは見えなかったミクロの実態が、正確で明瞭なデータとして提供されるところにあります。たとえば、仕事の結果だけでなく仕事中の経過の詳細がわかるようになることや、実績原価が決まるときの素材の状態、ヒトの振る舞い、機械の使い方、そして電力や副資材の使い方の詳細がわかるようになることです。また、まだ解明されていない因果関係を、AIによって明らかにできるということもあります。

　　ただし、詳細なデータが得られたとしても、そのデータの意味を解釈して解決策へ繋いだり、データを分析して相関や因果関係を見つけたりして企業の変革へ展開するプロジェクトがなければ、データの山は宝の持ち腐れになるだけです。

　　そこで、DX推進には2つのプロジェクト・チームを発足させます。1つは**IoTシステムの構築**のチーム、2つはIoTシステムを活用して企業変革を推進するチームです。まず**変革推進**チームは、課題を探し戦略を決めたら、システムの要求仕様を提示して、IoTシステム構築チームにIoTシステム構築を任せます。IoTシステムが完成したら、変革推進チームがこれを利用して、変革を推進するようにします。

## ▶▶ DX推進会議の進め方

　　変革推進チームは、週に1回は集まって**DX推進会議**を開くようにします。これは、データの検討やデータの分析をしながら対策案を出して、変革の実行指令を出すように推進します。最低1年間これを続けて、何らかの変革の成果が得るようにし

ます。

①前回会議での推進課題とその検討内容を要約する。

②今回会議での検討内容を明確にしてから討議に入る。

③IoTシステムからのデータや分析図表をその場で見ながら、またいろいろな角度からデータや分析図表を変えて見ながら討議する。

④変革の実行案としては、組織、制度、規約、業務規程、作業マニュアルなどを変える必要も出てくるので、その影響の及ぶ限りを検討しておく必要がある。

⑤変革の実行案が決まったら、これを経営会議に提出して承認をもらう。

⑥実行案のように工場経営側で施行してもらって、それが実行されていることを確認する。

⑦実行の結果をIoTシステムからのデータや分析図表から評価して、経営戦略の目標値に近づいていればよいとして、このまま実行を継続させながら監視を続ける。

⑧実行の結果が思わしくなければ、新たな実行案を討議して探るようにする。

⑨これを繰り返して、経営戦略の目標値になるまでこの会議を続ける。

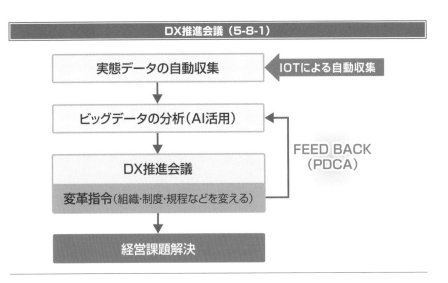

DX推進会議（5-8-1）

実態データの自動収集　◀ IOTによる自動収集

↓

ビッグデータの分析（AI活用）

DX推進会議

変革指令（組織・制度・規程などを変える）

FEED BACK
（PDCA）

↓

経営課題解決

# 製造現場の
# 情報化変革
## ——DX化のテーマ①

　工場のDX（デジタル変革）を待っていると思われるテーマの筆頭は、情報の発生源である製造現場の情報化変革です。工場で使われるデータや情報の発生源は、POP（生産時点情報管理）においては、製造現場の機械、設備、作業者、ワーク（製造対象物）の4つであるとしています。IoTによって発生源のセンサーから直接的に情報を自動採取すれば、精度の高いリアルタイムな情報が得られるので、これによって製造現場の情報化変革ができますし、その他の変革の基礎情報にもなります。

# 6-1

# 製造現場の情報化の推進

　工場で使われるデータや情報のルーツ（発生源）をたどってみれば、その大半のものが製造現場にあります。そのため製造現場は、データや情報のメモや集計、マニュアル・インプット（手入力）等の事務作業に、貴重な工数を割くことを強いられてきました。これをペーパーレス、インプットレスにしようとして、POP（Point of Production：生産時点情報管理）が生まれたのです。

## ▶▶ 現場事務工数の実態例

　かつて、ある金属加工工場の機械加工職場（工作機械など約40台、作業者約25人）で、あらゆる手書きの**ペーパー**（紙または報告書）を集めてもらったところ、約50種類ものペーパーが集まったことがありました。それらを分類すると、次のようになりました。

<作業者が取り扱うペーパー>
①**作業指示に関するもの**：作業指示書、作業要領書、図面などの指示用とその補足資料。
②**生産実績に関するもの**：出来高数や不良数のメモ、段取り時間実績メモ、作業工数（分単位）メモ、作業実績報告書などの手書きペーパー。
③**品質記録に関するもの**：要因別不良集計、ISO品質記録（製造履歴）、金型番号の記録、ツール交換の記録、制御条件の記録などの手書きペーパー。
④**その他管理に関するもの**：重点管理項目の記録、残業申請書などの手書きペーパー。

<現場リーダーが取り扱うペーパー>
①**作業指示に関するもの**：差し立て計画（当日分）、作業担当割付け表、部品

や材料払出し申請書、ツール購入申請書などのペーパー作成。

②**生産実績に関するもの**：出来高集計表、要因別不良集計表、段取り時間集
　計表、工数集計表、生産日報、前後工程への緊急連絡票などの手書きペー
　パー、および、これらの情報システムへのマニュアル・インプット（手入力）。

③**品質記録に関するもの**：不適合報告書、クレーム調査報告書の作成などの
　パソコン手入力とそのコピー。

④**その他管理に関するもの**：作業者出退勤記録、残業記録、機械補修台帳、
　金型研磨台帳、仕掛り在庫管理表などのパソコン手入力とそのコピー。

以上のように、製造現場での**ペーパー作成**と**マニュアル・インプット**の工数は、
職場ごとの月当たり工数で300時間を超すところも珍しくありません。

## ▶▶ POP（生産時点情報管理）と製造現場の情報化。

1980年代に入ると、日本の工場では、いろいろな種類の自動化機械が加工現
場等に導入されていきました。その結果として、作業者の作業は、複数台の機械
の監視と段取り作業が主なものとなりました。しかし、機械の加工実績を生産実
績報告書（ペーパー）に手書きして現場リーダーに提出し、現場リーダーがそれ
を集計して生産管理システムへマニュアル・インプットするとともに、手書きの日
報を作ることは変わりませんでした。

そのような中で、1984年に発表されたのが**POP**（Point Of Production：生
産時点情報管理）の概念です。POPの定義は、「工場現場の時々刻々に発生する
生産情報を、その情報発生源である機械・設備・作業者・ワーク（製造対象物）
の4つのところから直接的（ペーパーレス）に採取し、リアルタイムに情報処理して、
現場管理者に提供すること。また、現場管理者の判断の結果を現場に指示すること」
としています。

POPの取り扱う管理テーマには、次の5つがあります。

第6章　製造現場の情報化変革──ＤＸ化のテーマ①

①**製造現場の生産管理のテーマ**：差し立て計画を作り、作業を指示して、作業進捗を管理する。工程進捗と生産実績を採取して、進捗報告と実績報告を行い、工程間の仕掛り在庫と工程間滞留時間を把握して、改善を支援する。

②**実績原価管理のテーマ**：個別（製番、ロット番号、品種番号）ごとに4つの原単位データを採取し、コストダウンを支援する。

③**品質管理のテーマ**：データを自動採取し、QCの七つ道具＊とよばれる分析図表にして提供する。また、製造履歴情報として4W1Hの情報を採取し、品質記録として収録して、解析を支援する。

④**稼働管理のテーマ**：時間稼働率、性能稼働率、良品率を採取して、設備総合効率を提供して、効率改善を支援する。

⑤**設備保全管理のテーマ**：事後保全に必要な情報や時間基準保全に必要な情報、状態基準保全に必要な情報を支援する。

　POPにおいては、**図6-1-2**に示すような階層的な情報処理を標準としています。製造現場の機械、設備、作業者、ワークの**情報発生源**のセンサーからの情報と接点などのデジタルまたはアナログ信号からの情報、そして制御装置、計測器、試験機からデータの形で授受される情報があります。これらは**0次情報**として自動採取されます。次に、現場に設置されたPOP端末器において、時刻の付加、カウント、ロット番号の付加などの自動的な**1次情報**の処理をします。処理された情報はLANによってPOPサーバに集められて、そこでリアルタイム・モニタ画面、日報、作表、グラフ処理、パレート図や相関図等の分析図などの自動的な**2次情報**の処理を加えます。このようにして、図表化された情報を現場リーダーに提供して、現場リーダーのリアルタイムなDQCのコントロール管理業務や改善業務または作業指示業務を支援するようにしたものです。

---

＊**QCの7つ道具**：パレート図、特性要因図、グラフ、ヒストグラム、散布図、管理図、チェックシートの7つを用いて、問題点の明確化とその原因の追究に用いる。

1984年に発表された日本のオリジナルな情報システム概念である。
1995年に(財)製造科学技術センターにおいて標準化された。

## POPの定義

『工場現場の時々刻々に発生する生産情報を、その情報発生源である機械・設備・作業者・ワーク（加工対象物）の4つのところから直接（ペーパーレス）に採取し、リアルタイムに情報処理をして、現場管理者に提供すること。また、現場管理者の判断の結果を現場に指示すること。』

【POPの取り扱う管理テーマ】

1）現場生産管理（作業指示、生産実績、工程進捗、在庫管理）
2）実績原価管理（個別実績原価、コストダウン）
3）品質管理（歩留率、直行率、QCの7つ道具、製造履歴）
4）稼動管理（稼動率、設備総合効率、非稼動分析）
5）設備保全管理（時間基準保全、状態基準保全、故障解析）

## POPシステムの階層構造（6-1-2）

| システム構成 | 情報処理 | 情報名 |
|---|---|---|
| ダウンロード情報 （例）指示情報　　　1次情報 実績情報 | 2次情報処理 （2次情報） | （例） 加工時間 （=終了時間−着手時間） |
| RS-232C　　　　　　POP端末　　　1次的情報入力インターフェイス BCD 入力 　　操作 　　キー　　バーコード 　　計測値等 　　信号入力インターフェイス 　　計測器又はコントローラMPU | 1次情報処理 （1次情報） （処理内容） ①時刻の付加　　⑥ロット番号の付加 ②カウント　　　⑦作業者のIDの付加 ③経過時間積算　⑧ツールNo.の付加 ④論理演算　　　⑨工程番号の付加 ⑤照合判定　　　　（アドレス） 　　　　　　　　⑩理由/内訳付加 | 着手時刻 （着手信号変化時の時刻） 終了時刻 （終了信号変化時の時刻） |
| （ワーク）　　　（センサ） （製造機械設備）（作業者押ボタン） | 0次情報処理 （0次情報） 信号ギャザリング処理 | 着手押しボタン信号 終了押しボタン信号 |

## POPシステムの設置イメージ（6-1-3）

サーバ

Ethernet

**アップロード情報機能**

❶ 稼働モニター
❷ 稼働進捗モニター詳細
❸ 生産実績メンテナンス
❹ 管理基準差異グラフ
❺ アラーム発報履歴
❻ 管理データのサーバ格納

RS-232C

BUS/X-C

**ダウンロード情報機能**

❶ 生産計画
❷ 機械登録
❸ 管理基準
❹ ガイダンス

信号　入力

| 温度 | 湿度 | 濃度 | Ph | … | 生産数 | 稼働時間 | 不良内容 |

梱包

信号　入力

| 温度 | 湿度 | 濃度 | Ph | … | 生産数 | 稼働時間 | 不良内容 |

計量・検査

❶ 生産計画の受取り
❷ 管理基準の受取り
❸ ガイダンス表示

アラーム

❶ 管理基準との比較
❷ 時刻の付加
❸ ロット別管理項目収集
❹ アラーム履歴

信号　入力

| 温度 | 湿度 | 濃度 | Ph | … | 生産数 | 稼働時間 | 不良内容 |

原材料の計量・配合

信号　入力

| 温度 | 湿度 | 濃度 | Ph | … | 生産数 | 稼働時間 | 不良内容 |

加熱

第6章　製造現場の情報化変革──DX化のテーマ①

# 製造現場の事務工数をゼロ化

製造現場はモノづくりに一意専心の領域でなければなりません。しかしながら、製造現場では、事務作業に多くの工数を盗られている実態があります。この事務工数をゼロ化するように変革します。

## ▶▶ 製造現場の情報化の変革。

製造現場の**事務工数**は、多品種・小ロット生産の下で増加の一途をたどっています。そこで、製造現場の事務工数ゼロ化を図って、製造現場を本来のモノづくり一途に変えてやらなければなりません。

6-1節で述べたペーパーの分類から、その課題と解決策は次のようになります。

### ①作業指示のペーパーレス化

作業指示をペーパーから機側の端末器、または携帯端末器の画面表示に変えることは容易です。しかし、作業指示は**差し立て計画**の結果ですから、現場リーダーが作る差し立て計画の作成の支援が先決です。8-2節で述べる生産計画の高度化の変革を待つか、または暫定的に差し立て計画作成支援ツールによって、現場リーダーの頭脳を借りて資源（作業者または機械）の選定を行うことで差し立て計画を作るようにすれば、この課題は解決できます。

### ②生産実績の自動採取と自動日報作成

**生産実績の自動採取**と**自動日報作成**は、1984年以来POPシステムで解決してきたテーマです。これをIoTシステムで取り組めばよいだけで技術的な問題はありません。

機械からの生産実績の自動採取は、機側の端末器において、その画面に作業指示し、生産実績はセンサーからの**出来高信号**によって自動採取します。そして、端末機において、出来高信号からのデータを製番またはロット番号で括る一次情報

処理を行います。

　主に受注生産での、作業者からの生産実績の自動採取は、作業者にタブレットまたはバーコードリーダなどの無線の携帯端末を持ってもらいます。作業指示の製造番号の画面タッチまたは製造番号のバーコード読み取りから初めて、段取り時間の「開始」と「終了」と本作業の「開始」と「終了」のつど、画面タッチします。携帯端末では画面タッチ時刻から段取り作業時間と本作業時間のデータを自動採取するようにします。

### ③品質記録の自動採取

　ISOが要求する品質記録としては、**製造履歴**の情報があります。したがって、上記の生産実績から得られる品質データのほかに、いわゆる**4W1H**（Who、When、What、Where、How）の情報が必要です。

　4W1Hのデータの自動採取は、上記の生産実績の自動採取時に指示番号、作業者名、作業時刻そして工程番号などは自動採取できており、その上に機械の制御装置から制御条件（温度、圧力、速度など）をRS232Cポートからデータをもらって指示番号で括っておけば良いだけです。

　しかし、今後のさらなる品質管理の高度化を図る場合には、このほかに材料の仕様や成分表、用いられた金型番号やツール番号とその研磨履歴や補修履歴、機械の補修履歴なども必要になるかもしれません。

**現場事務工数ゼロ化の課題（6-2-1）**

## ▶▶ 製造現場の情報化システム

　上記のように、①の指示のペーパーレス化については、8-2節で述べます。

　ここでは②生産実績の自動採取と自動日報作成、および③品質記録の自動採取を合わせたIoTによるシステム化を図って、「**製造現場の情報化**システム」と呼べば、図6-2-2のようなシステムになります。

　なお、製造現場の情報化システムは、受注生産の工場では7-2節の「作業工数原価のコストダウンのIoTシステム」との複合的なシステム、または加工工場では7-4節の「設備総合効率の改善システム」との複合的なシステムにして、製造現場の情報化を図ることがPOPシステムでは一般的に行われてきました。

　これによって生産実績と品質記録の製造現場の事務工数をゼロにできることになり、製造現場はモノづくり一途という変革の目的を実現できることになります。

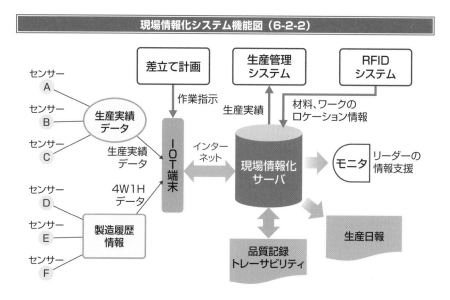

**現場情報化システム機能図（6-2-2）**

## ▶▶ 変革の展開

　生産実績のデータや品質記録のデータを自動転送することで、次のような広い展開が可能になります。

①生産管理システムまたはERPシステムは、生産実績の情報と工数実績の情報をマニュアル・インプットしないで自動転送で得られる。

②6-3節で述べる現場リーダーの業務支援に応用できる。

③現場の実力を示す正確な作業時間や作業工数のデータが得られるので、生産計画で必要とする標準時間や生産能力の基本データの見直しに利用できる。

④品質記録データはより高度な品質改善に利用できるばかりか、トレーサビリティ・システムとしても利用できる。

## 食品加工工場の不良対策——変革の種⑤

　G工場は、日販品の食品加工の工場です。前日に注文を受けて、当日作って、当日出荷します。配送トラックの出発時刻は絶対です。

　食品の種類ごとに製造ラインがあり、またいくつかの製造ラインでできたものを詰め合わせするラインもあります。いずれのラインも、発送時刻が近付くと、ロットの目標時刻に合わせるのに必死です。

　一方で、食品の場合は、加工品の原材料となる食材そのものの品質的なバラツキが大きいため、加工機械の調整が難しい課題があります。不良が散発的に発生するときは、一旦ラインを停めて、調整をやり直す必要があります。しかしG工場では、不良を捨てながら所定の納品数に達するまで作り続けることが習い性になっていて、不良の作り過ぎによるロスが多く発生しています。

　各ラインにはPOP端末器を設置して、良品数、不良数、不良内訳等のデータが自動的に採取されるようにしていますから、ラインを停める時間ロスと、不良を作ったときの不良ロスと機会損失を比較して、これを定量的なデータにして現場リーダーに提供すれば、不良の作り過ぎの悪が認識されます。

# 6-3
# 現場リーダー業務の情報支援を実現

製造現場の情報化のもう一つのテーマは、現場リーダー業務の情報支援です。現場リーダーの5つの業務について、IoTによって必要な情報を必要な時に提供して、業務の革新を図ります。

## ▶▶ 現場リーダーの5つの業務

現場リーダーの業務遂行次第で生産性が決まることは1-16節で述べました。現場リーダーが下記の5つの業務をしっかり遂行した場合は、仕事の瞬時ごとの納期（D）、品質（Q）、原価（C）の付加価値が最大値で確定していき、その結果として当該現場の生産性を最大にしていくからです。

本来の現場リーダーの業務は、次の5つ業務であると言えます。

---

①**計画と指示の業務**：当日の仕事の差し立て計画を作り、作業者に作業を指示する。

②**生産準備の業務**：仕事に必要な材料、治具、資材などの準備をチェックしておく。

③**監視と異常対応の業務**：製造現場の仕事の進行を監視し、DQCの異常が発生したら即断即決で対応（指示、連絡、報告）する。

④**報告と反省の業務**：生産実績や異常発生を報告し、当日の計画に対して生産実績が得られたかどうかを反省する。

⑤**現場改善の業務**：反省で出た課題や異常があれば、翌日の計画に反映するとともに、再発しないように改善する。

---

現場リーダーの5つの業務（6-3-1）

（1）
差立て計画と
作業指示の
業務

（2）
生産準備の
業務

（5）
現場改善の
業務

現場リーダーの
5つの業務

（3）
監視と
異常対応の
業務

（4）
報告と
反省の業務

## ▶▶ 現場リーダー業務の情報支援を考える

　現場リーダーが5つの業務を行うときに必要となる情報があり、その情報が必要な時に提供されれば、現場リーダーの意思決定の精度と速度が革新されるので、業務ごとにその情報支援を考えることにします。

### ①計画と指示の業務の情報支援

　現場リーダーが作る計画は**差し立て計画**と呼ばれ、当日の仕事を機械や作業者（資源）に割付け、それぞれの機械や作業者ごとに、朝からの仕事の順序を決めるものです。この計画によって、機械や作業者に作業指示できるようにします。差し立て計画には、次の3つの情報が必要になります。①仕事にかかる時間（ST）、②機械や作業者（資源）の生産能力、そして③作業進捗情報（今やっている仕事の終了予定時刻）です。

　現時点では、差し立て計画の自動化と再計画の自動化は実用段階にありません。したがって当面は、現場リーダーがパソコンの画面上で計画するのを情報支援と作画支援することになります。差し立て計画の情報のうちで、②生産能力の情報

は、現場リーダーの頭脳の中にあるので支援は不要です。しかし、①の時間は必ず必要になるので、現場リーダーに情報提供しなければなりません。また、再計画の時に必要となる③の進捗の情報は、今やっている仕事の直後の再計画を作る場合もあるので、秒単位のリアルタイムな情報提供でなければなりません。ただし、差し立て計画は、現場への外乱の発生を考慮すれば、一つの工程において1日に数回の再計画は普通に起こることを想定しておかなければなりません。

## ②生産準備の業務の情報支援

現場リーダーの行う**生産準備**の材料や部品のチェックは、現場に払い出された現物の数と、実在の箇所（棚の何番にある）というところまでの精度の情報が必要です。そのため、生産管理システムが持っているデータでは、厳密な点で役に立たないこともあります。

したがって、現場リーダーの生産準備のための材料、部品のみならず、治具、工具にも**RFIDのタグ**を使ったIoT化を進めて、情報支援しなければなりません。

## ③監視と異常対応の業務の情報支援

現場の監視については、IoTによる**リアルタイム・モニタ**を使って、「Aの機械は、現在Bの仕事をしていて、C個作るうちのD個目を加工中で、あとE分後にはBの仕事を終了予定」との情報が、リアルタイムに監視できるような情報支援が必要です。

### リアルタイム・モニタ（6-3-2）

レイアウトされた設備の1つをマウスクリックして指定すれば、当該設備のリアルタイムな生産状況の詳細を見ることができます。

## ④報告と反省の業務の情報支援

　POPでも行われてきた生産出来高の集計や日報作成は、当然自動化されなければなりませんが、異常の報告についても、実態データや製造履歴情報などを添付して報告できるように配慮されていなければなりません。

　次に反省の業務ですが、異常の発生があったときには、その原因を追究するために異常の前後の製造履歴情報が役立つので、いつでもこれを引き出して見られるようにして、対応策を決めて指示や実行に移さなければなりません。

　また、別の反省業務は、当初に作った差立て**計画のガントチャート**に対して、実際の作業がどのように行われたかの**実績のタイムチャート**を対比して示して、その計画と実績の違いがなぜ起こったのかの追求することをやらなければなりません。図に示すように、その違いのところには様々な課題があることが明らかになるからです。

　図6-3-3にある注1〜注5については、次のような課題があります。

①**注1の作業中断発生**：＃AAAの仕事が24分中断しています。その理由は材料切れですから、作業を中断して材料を取りに行っています。

②**注2の計画順序変更**：差し立て計画上の＃BBBの仕事の代わりに、＃CCCの仕事を先にやっています。その理由は納期催促とありますから、計画を変更して＃CCCの仕事を優先させています。

③**注3の作業中断発生**：①の中断や②の仕事の優先変更、段取り時間の増加があって、12時までに＃BBBの仕事が終わらず、昼食休みのための作業中断になりました。

④**注4の段取り時間増加**：＃AAAから＃BBBの段取りは22分、＃BBBから＃CCCへの段取りは10分の計画でした。＃AAAから＃CCCは20分で済みましたが、＃CCCから＃BBBへは25分もかかってしまっています。

⑤**注5の実績時間超過**：当初の＃CCCの仕事の計画時間は55分でしたが、実績時間は59分になっていて、なぜか超過しています。原因追求が必要です。

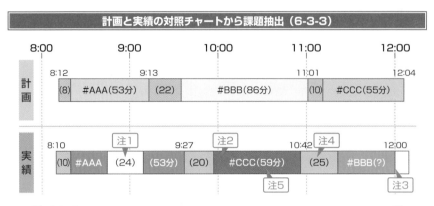

**計画と実績の対照チャートから課題抽出（6-3-3）**

【注記】
注1．作業中断発生（理由は材料切れ）
注2．計画順序変更（理由は納期催促）
注3．作業中断（理由は昼食時間）
注4．段取時間増加（#CCCが計画10分が20分に、#BBBが22分が25分に）
注5．実績時間超過（#CCCの計画55分に実績59分と4分オーバー）

## ⑤現場改善の業務の情報支援

　反省の段階で明らかになった課題は、可能なものはその対策を翌日の差し立て計画に反映させることもしなければなりません。また、すぐに解決できる課題に対しては、その対策を決めて、次の日の差し立て計画と作業指示に生かされなければなりません。

　少し大きな課題の場合は、改善のPDCAのサイクルを回して課題解決を図ることになります。このときCheck、すなわち評価のサイクルでは、Pの目標値に対して、Dの結果の実態データと比較して評価することになります。この実態データが必要な時に提供されれば、PDCAのサイクルは速く回すことができて、改善のスピードアップにつながります。

　現場リーダーの業務の遂行次第は、1-16節で述べたように工場の生産性を左右する重要事項ですから、これへの情報支援は今後、最も注力されなければなりません。

第 **7** 章

# コストダウンと
# 改善の変革
## ——DX化のテーマ②

製造現場は、コストダウンと改善をし続けなければなりません。しかし、多品種・小ロット・短期間生産を行うようになって、従来からのコストダウン（CD）手法や改善手法は使えなくなってしまいました。そこで、新しいコストダウン手法と新しい改善手法を用いて、新しい課題分野の改善も含めて、コストダウンと改善の変革が必要とされています。

# 7-1

# IoTによる新しいコストダウンと改善で第3の利益の獲得

IoTによる実態把握は、複雑でダイナミックに変動するもの、または目に見えない対象に対しても可能です。そのため、工数の実績原価やロットごとの実績原価を把握してコストダウンできるし、ムリ・ムラ・ムダや見えない実態をデータにして把握して改善することができるので、第3の利益を獲得できます。

## ▶▶ コストダウンと改善の変革

従来から行われてきた**コストダウン**や**改善**の方法は、多品種・小ロット・短期間生産を行うようになった日本の工場においては、行き詰まりが起こっていることは1-10節で述べました。したがって、従来とは異なるコストダウンや改善の新しい方法に変える必要があります。

変えなければならないのは、**実態データ**の採取の方法です。従来から使われてきた**データのサンプリング手法**は、対象の実態が静的状態（スタティック）であるときしか使えない手法です。しかし、IoTによれば、動的なものでも必要なセンサーからのデータを好きなだけ採取して、実態の詳細で濃密なデータの集合体であるビッグデータを作ることができます。そのため、これを製造現場の実態把握に用いれば、コストダウンや改善に応用できます。

## ▶▶ IoTによる新しいコストダウン

原価管理には4つの目的があります。①決算書の製造原価算定のため、②経営計画または予算統制のため、③販売価格決定のための製造原価想定のため、④原価低減（コストダウン）です。このことは、2-8節で述べました。

4番目のコストダウンのための原価管理は、**個別実績原価管理**と呼ばれて、従来は**受注生産**で手間暇かけて行われることはありましたが、**仕込み生産**のロットの実績原価管理として行われることはほとんどありませんでした。しかしながら、IoTによれば、まずは受注生産の工数原単位データの把握ができるようになって、製

番のコストダウンは容易にできるようになります。次に、IoTによって、工程ごとにロットの4つの原単位データを自動的に採取できるようになるので、仕込み生産のロットの実績原価管理によるコストダウンは現実のものになってきました。

## ▶▶ IoTによる新しい改善

　従来は不可能とされてきたムリ・ムラ・ムダの改善について考えます。

　**ムリ**というのは、製造現場に対する無理難題を意味しています。製造現場にとって最も苦しいムリは、飛込み、割込み、特急の仕事を強いられることです。別のムリは、生産の仕組み（組織、体制、制度）に悪さがあるときのしわ寄せが、製造現場のムリとなって現れるものです。

　**ムラ**というのは、バラツキのことです。品質が作るたびにばらつくことは知られており、したがってそのバラツキを規定値の範囲内になるようにコントロールすることを品質管理と呼んでいます。しかし、ロットの実績原価が作るたびにばらつくことは、今までほとんど知られていません。著者がPOPシステムによって実績原価の原単位データを採取してみた結果は、仕込み生産の場合で、ロットごとの原単位のバラツキが、プラス、マイナス10 〜 30%にもばらつくことがわかりました。

　最後に**ムダ**というのは、ロス（損失）のことで、最も大きなムダは時間のムダです。時間のムダで大きなものは作業中断のロスタイムで、そのほかのムダに機械、設備の非稼働時間のロス、または不良を作った時の機会損失（不良を作るのに使われた時間のロス）などがあります。また、時間のロス以外にも、不良ロス（不良を作るのにかかった原価分のロス）や端材ロス、そして廃棄ロスまでムダは広がっています。

　ムリ・ムラ・ムダ以外で、従来から改善のテーマとして挙げられていなかったものがあります。一つ目は、工場の仕組み（組織、体制、制度）の悪さの改善です。これについては7-6節で詳しく述べますが、特に製造現場の生産性に関わる作業中断理由、機械の非稼働理由、そして工程間滞留の理由からわかる工場の仕組みの悪さの改善に取り組まなければなりません。二つ目は、製造リードタイムの改善です。これはすべてのロットについて、すべての工程での入口と出口の通過時刻のデータが必要になるので、その煩雑さのために改善のテーマになりにくかったものです。そして、三つ目は、設備総合効率の改善です。単なる時間稼働率だけで

なく、性能稼働率と良品率のデータが必要だったので、改善のテーマになりにくかったものです。

　その他に見えない実態はまだたくさん残されているので、そこからIoTによって実態データが採取できれば、あらゆる実態の改善が可能になって、**第3の利益**（管理利益）を得ることができるに違いありません。

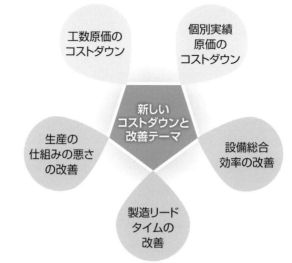

**新しいコストダウンと改善テーマ（7-1-1）**

# 作業工数を自動採取して
# 工数原価をコストダウン

受注生産の工場においては、工数原価をコントロール管理することが重要です。
PDCAのサイクルを回してコントロール管理することで、コストダウンを実現します。

## ▶▶ 工数原価のコントロール管理

受注生産の場合、見積りの製造原価のうち、原材料や部品等の調達原価はほぼ見積り通りに調達できますが、作業工数においては、見積り工数と実績工数は大きく食い違うことがあります。実際に製番赤字を発生させるのはほとんどが作業工数の方ですから、これをコントロール管理しなければなりません。

その方法は、まず**目標工数**を示し（P）、その目標工数を意識して作業してもらい（D）、**実績工数**が目標工数を超えていれば（C）、対策する（A）を、IoTシステムによって実績工数を自動的に採取しながら、上記のPDCAを回してコストダウンが実現するように運用することです。

## ▶▶ IoTによる工数原価管理システムとその運用

工数原価管理システムは、図7-2-1に示します。製造工程の作業者にはIoT端末器として、無線式のバーコードリーダまたはタブレット端末器（この場合は作業指示を差し立て計画から指示しなければなりません）を持ってもらい、製番の作業指示票のバーコードを読み取れば、「目標工数」が指示されます。次に、作業着手を画面タッチすれば、実績時間のタイムカウントが開始され、作業が終わって作業終了を画面タッチすれば、タイムカウントが停止し「実績工数」の表示と目標と実績の「差」の表示がなされます。作業者はこれを見て、自身の作業が目標工数内または目標工数オーバーを認識します。

目標工数オーバーの時は、当日の終業時に**改善カード**が自動発行されて作業者に渡され、作業者は①「なぜ目標工数をオーバーしたか」という理由と、②「次回の作業時にはオーバーしないようにどのような対策をするか」を「改善カード」

に記入して提出するようにします。

　また、作業者が作業を中断せざるを得ないときには、その理由を画面タッチすることで、中断時間とその理由が自動記録されて、中断理由パレート図として見ることができます。

　なお、この運用で得られた製造番号での各工程の目標工数データと実績工数データは、ビッグデータとして蓄積されます。そして、目標工数の更新のために活用されます。さらに、得られた実績工数から、生産能力の基本データの見直しや、見積原価の工数データの見直し等に活用できます。

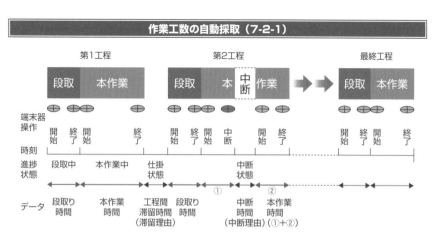

**作業工数の自動採取（7-2-1）**

## ▶▶ 工数原価のコストダウンの進め方

　製造現場の課長または現場リーダーは、目標工数を指示しなければなりません。当初の目標工数は標準時間を用いてもよいし、勘と経験からのもので構わないので、指示しなければ始まりません。その作業の結果、実績工数のデータが得られれば、それを使って次の目標工数を決めていけばいいからです。

　作業者に意欲を持って作業してもらうためには、目標工数を示して、その目標工数を意識して作業してもらうことが重要です（3-4節で述べました）。また、作業者に実績工数を見せて、目標工数以内で達成したとの達成感を味わってもらうことも大切です。しかし、実績工数が目標工数をオーバーした時には、反省として改善カードを書いてもらい、次回を期すことも大切です。

　製造現場の課長または現場リーダーは、改善カードの内容を把握するとともに、改善カードを書かないで済むように作業者を指導します。また、改善カードの発行枚数を監視しておいて、発行枚数がほとんど出なくなったら、目標工数を5〜10%ずつ段階的に下げて、コストダウンを誘導しなければなりません。

　なお、中断理由パレート図から求められる対策の大半は、当該工場の生産を支援する仕組みの変革です（7-6節で述べます）。

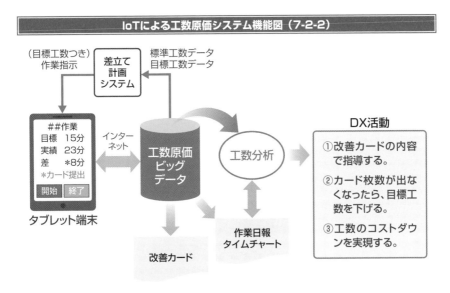

**IoTによる工数原価システム機能図（7-2-2）**

**工数原価のコストダウンの進め方（7-2-3）**

（1）目標工数の提示

（2）IoTによる工数データの自動採取

（3）改善カードの活用

（4）コストダウン利益の獲得

# 7-3
# 個別実績原価原単位を
# 自動採取してコストダウン

仕込み生産（ロット生産）の工場においては、ロットごとの実績原価を求めることは手間がかかりすぎるので避けられてきました。しかし、IoT（またはPOP）によれば、ロットごとの実績原価は容易に、しかも正確に把握できるので、これによってコストダウンできます。

## ▶▶ 実績原価の4つの原単位

ロットの実績原価は4つの原単位のそれぞれに単価をかけて算定されることは2-8節で述べました。4つの原単位とは、①**原材料使用量**（当該ロットに使用された原材料の量）、②作業者の**作業工数時間**（当該ロットの作業に使われた工数（人数×時間）時間）、③**機械占有時間**（当該ロットが機械を占有していた時間）、そして④その他**変動原単位使用量**（当該ロットに使われた電力使用量や梱包資材使用量など）です。このうち③の機械占有時間は、使われた機械の償却費を使われた時間分だけ実績原価に載せるためのもので、他の原価管理では機械償却費は固定費として扱われていますが、個別実績原価管理では変動費として扱うためのものです。

## ▶▶ IoTによる個別実績原価管理システム

4つの原単位と**製造履歴**のデータ採取は、IoTを使って工程ごとに次のようにして自動採取します。システムの概要は、図7-3-2に示します。

---

**個別実績原価のコストダウンの進め方（7-3-1）**

（1）IoTによる原単位データの自動採取

▼

（2）実績原価と作業実態との相関把握

▼

（3）実績原単位を目標値に近づける

▼

（4）コストダウン利益の獲得

---

### ①4つの原単位のデータ採取

　ロットごとの実績原価の原単位データを採取するには、工程ごとに次のようなセンサーや計測器、試験機などからデータを自動採取することになります。

---

①原材料使用量のデータ採取について、重量の場合は秤量機から、長さの場合はエンコーダから、個数の場合は個数カウンタからRS232Cポートを介して採取する。

②工数（時間×人数）は、後述の⑥と⑧で述べるようにして採取する。

③機械占有時間はロットの段取り開始時刻（作業開始時刻）からロットの後始末完了時刻（作業完了時刻）までを操作画面のタッチセンサから採取する。

④その他変動原単位は電力使用量を採るとした場合は積算電力量計のパルスから採取する。

⑤生産の出来高は機械の出来高パルスから採取する。

---

## ②製造履歴の情報採取

製造履歴情報は工程ごとに仕事の履歴を示す4W1H情報と呼ばれるもので、これを自動採取します。

---

⑥Whoの作業者名は、機械や製造ラインへの着任と解任をRFID（無線メモリカード）の名前札から時間とともに自動採取するか、または名前札のバーコードを着任と退任でスキャン操作して採取する。

⑦Whatの仕事のロット番号は、機械やラインの端末器の画面に作業指示を出しておき、画面の確認タッチセンサから採取する。

⑧Whenは、作業の開始時刻と終了時刻のことで、⑥と同じ画面のタッチセンサから採取する。なお、段取り時間は作業開始の時刻から、機械やラインの稼働信号が開始される時刻までの間の時間として採取する。

⑨Whereは、仕事をする機械や製造ラインのことで、端末機のID番号から採取する。

⑩Howは、機械や製造ラインの制御条件のことで、それぞれの制御装置からRS232Cポートを介してデータとしてもらうことで収集する。

---

## ▶▶ コストダウンの進め方

### ①コントロール管理によるコストダウン

4つの原単位のそれぞれで、Pの目標原単位を設定し、Dで作業しながら実績原単位を採取して、Cで目標原単位と実績原単位を比較評価して、Aで対策するという、PDCAを回してコストダウンするものです（2-8節参照）。

まずは、目標原単位を仮決めします。品種ごとの標準原価があれば、この標準原単位を仮の目標原単位とします。目標原単位は徐々に下げていく流動的なものです。次に、ロットの作業を行い、ロットごとに4つの原単位データを自動的に採取します。そして、目標原単位と実績原単位データを比較して評価します。ロットを作るごとの実績原単位データが目標原単位に近づいているかどうかを判断します。近づいているなら以前の対策を続けますが、そうでなかったら別の対策を実施しなければなりません。

　以上のことをロットのたびごとに繰り返して徐々に実績原単位を下げていき、最終の目標原単位に到達させることができたときにコストダウンが実現します。

### ②バラツキを収束させるコストダウン

　同一品番のロットごとに実績原単位は大きくバラつきます。それは、製品を作るときの実績原価の4つの原単位が、そのときどきの作り方によって変動するからです。そうであれば、原単位が最も安い時の作り方に合わせたものを標準の作り方として徹底すれば、高く作ることが無くなり、バラツキを最安のところで収束できるので、コストダウンできます（2-9節参照）。

　上記の①または②のいずれにしても、ロットごとの原単位データが自動採取できれば、コストダウンできるのです。実際にPOPシステムを用いてコストダウンを試みた結果は、どちらの方法も良いコストダウン実績が得られています。
　なお、IoTシステムでは、実績原価原単位データと製造履歴情報のビッグデータの分析から、新たな第3のコストダウンの進め方が見つかるかもしれません。

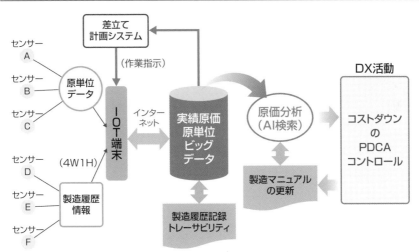

IoTによる個別実績原価システム機能図（7-3-2）

# 7-4

# 設備総合効率で機械を徹底活用

機械設備の徹底的な使いこなしを表す指数が設備総合効率です。この効率を改善すれば、就業時間中の良品出来高を多くすることができて、機械の生産性を向上できるし、モノ資源の徹底活用にもなります。

## ▶▶ 設備総合効率

設備総合効率は、次式で表されます。

> 設備総合効率＝時間稼働率×性能稼働率×良品率
> 　　　　　　＝稼働時間／就業時間×実用速度／最高性能速度×良品数／
> 　　　　　　製作数

このことは、3-5節で述べました。

## ▶▶ IoTによる設備総合効率のシステム

設備総合効率に必要な**時間稼働率**と**性能稼働率**と**良品率**をセンサーから自動採取する原理を示したものが図7-4-1です。

機械からの生産実績の自動採取は、機側の端末器に作業指示の製造番号またはロット番号を表示し、「確認」を画面タッチして、次に作業者が自身の名前を画面タッチします。すると、これ以降のデータは当該製番またはロット番号で括られ、その担当者も明確になります。

また、上記の確認の画面タッチから自動的に**段取り時間**の積算が始まり、機械からの出来高パルスが発生するまでが段取り時間として自動採取します。そして、出来高パルスが連続的に発生している状態が**稼働時間**で、出来高パルスの発生が停止している時間は**非稼働時間**です。

非稼働になったら、回転灯を回して作業者に非稼働理由の画面タッチを要請し、

理由のタッチがあったら回転灯を停止させます。その結果、当該非稼働時間は理由付きの非稼働になります。そして、出来高パルスの停止から出来高パルスの再開までの時間が理由付きの非稼働時間になります。なお、ロットの冒頭の段取り時間は、非稼働時間として扱います。

以上のことから、時間稼働率は自動採取できます。また、理由付きの非稼働時間のデータから、非稼働パレート図や当該機械のタイムチャートを自動で作り、提供できます。

また、出来高パルスの間隔時間は、製品1個を加工する時間を表していますから、実用速度がわかります。実用速度と機械の最高性能速度から、性能稼働率を算出できます。

そして、段取り以降の出来高パルス数の積算値が、製作数となります。しかし、不良の発生があるときは、製作数から不良数を減算したものが良品数となります。目視での検査を行うときの不良については、不良内容別の不良数が必要なので、不良内容ごとのいくつかのバケツを用意して、作業者に不良品を不良内容のバケツへ投げ込んでもらいます。バケツの入口のワーク（加工対象物）の通過センサーの動作回数を不良内容別不良数とすれば、自動採取できます。このようにすれば、製作数と良品数の比が良品率ですから、良品率も算出できます。

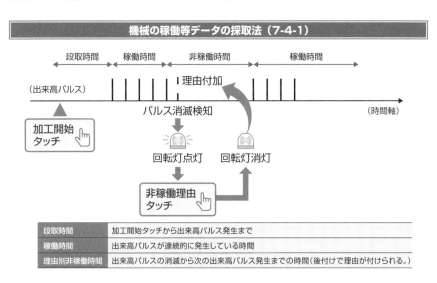

| 段取時間 | 加工開始タッチから出来高パルス発生まで |
| --- | --- |
| 稼働時間 | 出来高パルスが連続的に発生している時間 |
| 理由別非稼働時間 | 出来高パルスの消滅から次の出来高パルス発生までの時間（後付けで理由が付けられる。） |

第7章 コストダウンと改善の変革──ＤＸ化のテーマ②

　時間稼働率、性能稼働率、良品率の3つを積算したものが設備総合効率ですから、これらを自動的にIoTシステムから提供できます。

**IoTによる設備総合効率のシステム機能図（7-4-2）**

## ⏩ 設備総合効率の改善

### ①時間稼働率の改善

　時間稼働率を改善するには、非稼働時間を稼働時間に変えればよいのです。したがって、非稼働理由のパレート図を見て、その大きな理由から対策することになります。非稼働の理由には、「工程待ち（前工程からワークが流れてこない）」「材料待ち（材料切れ、材料が機側まで運び込まれない）」「ヒト待ち（機械は加工を終わっているが、ヒトが段取りに来てくれない）」「品質トラブル（不良が出るので、調査中）」「段取り」「故障」などがあります。先頭から3つの「待ち」の原因は、生産の仕組み（組織、体制、制度）の悪さによると思われるので、それへの対策が必要です（7-6節で述べます）。

　なお、段取りが理由のトップにあるとしたら、その工場は改善において、相当遅れている工場だと言えます。段取りは多品種小ロット生産においては、最初に取り

組むべき改善テーマであり、改善可能なテーマだからです。

## ②性能稼働率の改善

　機械性能をフルに活用するには、製造技術の裏付けが必要になります。たとえば、速度を挙げれば精度が出なくなるとか、品質のばらつきが大きくなるとか、最高性能で使うというのは容易ではありませんが、ビッグデータの解析から解決策を見つけるという挑戦しがいのあることです。

## ③良品率の改善

　不良の要因になるものを徹底的に排除することです。したがって、不良要因パレート図を見て、その要因の大きなものから対策することになります。その要因は多岐にわたりますが、機械周囲の温度、湿度と調整値（制御パラメータ）との関係など、今まではあまり追及されてこなかったところにも、ビッグデータの解析で解決策が見つかるかもしれません。

　このように見ていくと、設備総合効率を改善できるのは製造現場ではなく、生産管理、品質管理、製造技術などの工場の管理スタッフであることがわかります。

# 7-5
# 製造リードタイムの短縮

　工場はカネの前払い制度でできています、そして工場にワーク（製造対象物）が長い時間滞在すれば前払い金がかさむことは述べました。したがって、製造リードタイムは短くしなければならないし、短くできれば工場の生産能力の増強にもつながります。

## ▶▶ IoTによる製造リードタイムのシステム

　**製造リードタイム**は、初工程の着手時刻から最終工程の終了時刻までの経過時間を意味しています。IoTによる製造リードタイムを採取する原理のタイムチャートを示したものが**図7-5-1**です。

　製造リードタイムは、各工程の**工程内時間**と**工程間滞留時間**を全行程分合計したものです。工程内時間は工数コントロール管理でコストダウンするとともに、時間短縮にもつながるので、それで改善することにすれば、結局、製造リードタイムの改善は、工程間滞留時間を短縮することに注力することになります。

　この図でわかるように、工程間滞留時間は、前工程の作業終了時刻から後工程の作業開始時刻までの時間を自動採取することで得られます。その方法は、作業指示書またはワーク（製造対象物）の随伴カードのバーコード（またはRFID）を読み取る操作時刻、またはタブレット端末の作業終了の画面タッチと作業開始のタッチ時刻から得られます。

　また、あらかじめ設定された滞留時間以上の実績の滞留時間が発生したら、後工程の作業開始時に作業者に滞留理由を画面タッチしてもらうことによって、滞留時間と滞留理由のデータを自動採取します。そして、期間や工程間を指定すれば、滞留理由パレート図がいつでも見ることができるようにして、滞留時間の短縮改善に役立てるようにします。

　なお、品番によっては、工程の一部が外注になる場合も考えられます。これも社内工程と同じように、外注へ出すトラックへの荷積み開始時と外注からのトラック

荷下ろし終了時のバーコード読み取り、または画面タッチから外注工程内時間を採取するようにすれば、外注直前の滞留時間と外注直後の滞留時間も採取できます。

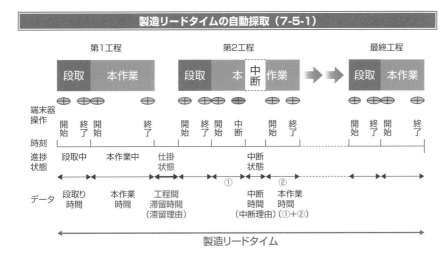

**製造リードタイムの自動採取（7-5-1）**

## 製造リードタイムの改善

工程間滞留が発生する理由は、およそ5つあります。

①工程間の同期が取れなかった時に工程間滞留が起こる。工程間同期計画そのものが同期できない誤った計画になっているとき、または、同期の必要な前後工程のどちらかで異常が発生して、できるはずの同期が取れなかったときに工程間滞留が起こる。

②急ぎのロットが飛込み、割込み、特急で工程を優先的に通過して行ったとき、それによって当該工程で通過待ちにされたロットは工程間滞留させられることになる。

③前後工程のどちらかで、工程進捗の情報が把握不能になったときに、同期のコントロールができなくなって工程間滞留が発生する。

④前後工程の製造能力にアンバランスがあって、前工程の生産能力が高く、後工程の生産能力が低いときに、前工程が作り過ぎて後工程が捌けないこ

とで工程間滞留が起こる。

⑤前工程で予期せぬ異常が発生して、前工程が計画外の新しいロットを生産したときに、後工程で準備ができなくて、その新しいロットを受入れられないときに工程間滞留が起こる。

　したがって、製造リードタイムの短縮には、それぞれのロットの工程間滞留箇所と滞留時間のデータを採って、工程間滞留箇所ごとの滞留理由パレート図を見て、滞留時間の大きい順に滞留原因に対策を打ちます。すべての工程間滞留箇所で対策がなされれば、全ロットの製造リードタイムの平均値を大幅に短縮できます。

　そして得られた製造リードタイムを分析して、同一品種のロットごとの製造リードタイムを調べて、そのバラツキが収束していること、または全ロットの平均製造リードタイムのデータから改善成果を知ることができます。

　さらに、上記5つの滞留原因の中には生産の仕組みの悪さがあるので、そのときは仕組みを変えなければなりません（7-6節で述べます）。

# 半導体製造装置組立工場のコストダウン——変革の種⑥

　J工場は、受注生産の半導体製造装置の組立工場です。装置のフレーム枠は組立場所に固定されていて、そこへ器具の取り付け工、電気配線工、配管工などの専門の作業者が入れ替わりで作業するようにして装置を完成させます。

　ここへ工数原価管理システムを導入しました。作業者には1人に1台の無線式のバーコードリーダーを持ってもらい、装置の前に張り出された製番（製造番号）のバーコードを読み取ると、目標工数が表示されます。作業開始のキーを押せば、作業工数が表示されます。作業終了の押しボタンを押せば、実績工数を見ることができると同時に、目標工数との差異が表示されて、もし目標より実績が大きいときには改善カード発行の予告がなされます。そして、就業時間の終わりに現場リーダーから作業者に改善カードが渡されて、①「なぜ目標をオーバーしたのか」、②「実績を目標内にするためにどうするか」を書いて提出します。

　このような運用によって、装置の組立て工数は30％以上コストダウンできました。

# 7-6
# 「生産の仕組みの悪さ」の改善

製造現場を支援する生産の仕組み（組織、体制、制度）が悪い時に、製造現場の生産性を阻害していることがあるから改善されなければなりません。阻害の原因と対策は、作業中断理由、非稼働理由、工程間滞留理由から追求できます。

## ▶▶ 生産の仕組みの悪さ

生産の仕組み（組織、体制、制度）とは、製造現場を支援するための生産計画（負荷平準化計画、工程間同期計画）、原材料の調達、材料在庫、配膳、工場内物流、差し立て計画と作業指示、工程能力バランス、品質管理、製品在庫、梱包出荷、機械設備保全等の仕組みのことです。これら生産の仕組みは、大きなクレームなどの外圧がない限りほとんど見直されることがなく、生産の仕組みが知らない間に製造現場の生産性を阻害させていることがあるので、改善しなければなりません。

## ▶▶ 作業者の作業中断理由から仕組みの悪さの改善

作業者は作業を続けたいが、作業を中断せざるを得ない状態に追い込まれることを作業中断と呼びます。7-2節で述べた工数原価管理システムを用いて作業中断理由を採取し、中断理由パレート図の中断時間の大きな理由から改善していきます。

**作業中断理由**には、次のようなものがあります。

一つ目は、指示トラブルです。現場リーダーからの作業指示に関するもので、指示の変更や指示の間違い、新たな指示を待っているときの中断理由です。計画や指示の仕組みの改善が考えられます。

二つ目は、材料トラブルです。材料や部品が作業者の手元に足りなくなって、作業中断せざるを得ないときの中断理由です。材料調達、在庫、配膳、配送などの仕組みの改善が考えられます。

三つ目は、機械トラブルです。故障、調整不良、潤滑不良などで機械が使えな

くなったことでの中断理由です。機械設備の調整や保全の仕組みの改善が考えられます。

四つ目は、金型トラブルです。金型の故障、研磨不良、研磨時期遅れなどでの中断理由です。金型の研磨時期や交換周期などの仕組みの改善が考えられます。

五つ目は、工程トラブルです。前工程からワーク（製造対象物）が流れて来ない、または後工程の引き取り不能での中断理由です。同期計画や前後工程の能力バランスの仕組み改善が考えられます。

六つ目は、品質トラブルです。不良発生、歩留まり悪化のため、または不良原因調査のための中断理由です。品質管理の仕組み改善が考えられます。

その他に、作業者自身のけがや体調不良の発生で作業中断になる場合もありますし、リーダーの業務繁忙での作業中断の場合もあります。

### 作業中断理由と仕組み改善（7-6-1）

| 呼　称 | 詳細理由 | 仕組み改善 |
|---|---|---|
| 指示トラブル | 指示変更、指示間違い、指示待ち、など | 計画や指示の仕組み |
| 材料トラブル | 材料切れ、在庫切れ、配膳不良、搬送渋滞、など | 材料調達から現場到着までの仕組み |
| 機械トラブル | 故障、調整不良、保全不良、など | 機械設備の調整と保全の仕組み |
| 金型トラブル | 故障、研磨不良、研磨遅れ、など | 金型や刃物の交換周期などの仕組み |
| 工程トラブル | 前工程待ち、後工程引取り待ち、など | 同期計画または前後工程能力の仕組み |
| 品質トラブル | 不良発生、歩留まり悪化、不良原因調査、など | 品質管理体制または仕組み |
| 作業者トラブル | 急病、怪我、体調不良、チーム再編成、など | 作業者の健康管理、安全・衛生体制の仕組み |
| リーダー・トラブル | 生産準備不足、計画漏れ、割込み・飛込み、など | 5つの業務の徹底と情報支援の仕組み |

## ▶▶ 機械の非稼働理由から仕組みの悪さの改善

就業時間のうちで、機械がキリコを出している時間が稼働時間とすれば、それ以外の時間は非稼働時間です。

機械の**非稼働理由**には、次のようなものがあります。

　一つ目は、工程待ちです。前工程から流れてくるワーク（製造対象物）を待って、機械が非稼働になっている非稼働理由です。同期計画の不良、前工程での異常発生、前工程と自工程の工程能力のバランスなどの仕組みの改善が考えられます。

　二つ目は、材料待ちです。材料切れ、または材料の未到着での非稼働理由です。調達や在庫の払出しや配送の仕組み改善が考えられます。

　三つ目は、ヒト待ちです。機械は作業終了しているのに、ヒトが段取り替えに来てくれない場合の非稼働理由です。ヒトの運用計画、多台持ちのやり過ぎなどの仕組み改善が考えられますが、段取り時間の短縮の改善が先かもしれません。

　四つ目は、指示待ちです。作業指示や変更指示が下りてこないため稼働できないでいる非稼働理由です。差し立て計画または作業指示の運用の仕組み改善が考えられます。

　五つ目は、プログラム待ちです。NCプログラムがダウンロードされないので稼働できないでいる非稼働理由です。差し立て計画とCAMとの連動の仕組み改善が考えられます。

　六つ目は、品質トラブルです。不良が発生したために原因調査中の非稼働理由です。原因追及が迅速にできるように、製造履歴情報の提供などの仕組み改善が考えられます。

　七つ目は、機械トラブルです。機械自身の故障や調整不良で稼働できない非稼働理由です。保全や調整の仕組み改善が考えられます。

　八つ目は、段取りです。段取りのための非稼働理由です。段取り時間の短縮は、時間を意識した段取りの仕組みや、段取り時間が短くて済むような機構の開発などの仕組み改善が必要です。

　7-4節で述べた、IoTによる設備合効率のシステムから得られる非稼働理由パレート図を用いて改善します。これは、生産管理、製造技術、品質管理、保全などの工場のスタッフが生産の仕組みを直すことで改善するものです。

## 機械の非稼働理由と仕組み改善 (7-6-2)

| 呼　称 | 詳細理由 | 仕組み改善 |
|---|---|---|
| 工程待ち | 前工程からワークが来ない | 同期計画の不良、前工程でトラブル、工程能力のアンバランスなどの仕組み |
| 材料待ち | 材料切れ、材料未到着、など | 調達から在庫そして配送の仕組み |
| ヒト待ち | 機械は仕事を終了、しかしヒトが段取りに来ない | ヒトの運用計画、多台持ち過多、段取り時間過大などの仕組み |
| 指示待ち | 指示や変更指示が降りてこない | 指示の計画の遅れ、指示の運用の仕組み |
| プログラム待ち | NCプログラムがダウンロードされない | 差立て計画とCAMとの同期の仕組み |
| 品質トラブル | 不良発生の原因調査中 | 原因探索支援などの仕組み |
| 機械トラブル | 故障、調整不良など | 保全や調整の仕組み |
| 段取り | 段取り時間の過大 | 目標時間の無い指示の仕組み、機構改善の仕組み |

## ▶▶ ワークの工程間滞留理由から仕組みの悪さの改善

　**工程間滞留理由**には、7-5節で述べた通り、以下の5つがあります。

　一つ目は、計画不良です。工程間同期の取れない計画になっているときの滞留理由です。計画の3情報の不足や、再計画の遅れなど計画の仕組みの改善が考えられます。

　二つ目は、特急の通過待ちです。急ぎのロットを工程で優先させたときに、通過待ちさせられたロットの滞留理由です。飛込み、割込み、特急などを規制する仕組みの改善が必要です。

　三つ目は、進捗把握不能です。外乱の発生などで進捗把握ができないための滞留理由です。進捗コントロールの仕組みの改善が考えられます。

　四つ目は、能力バランス不良です。前後工程の生産能力のアンバランスの滞留理由です。生産能力の実態を把握して能力バランスの改善が必要です。

　五つ目は、前後工程トラブルです。前工程または後工程で予期せぬトラブルで前工程が計画外の生産をしたとき、または後工程が受取り不能になったときの滞留理由です。工程間同期計画の修正の仕組みが改善されなければなりません。

7-5節で述べた、IoTによる製造リードタイムのシステムから得られる滞留理由パレート図を用いて改善します。ここでは生産計画と再計画の課題、飛込み、割込み、特急の取扱いの課題、さらに製造技術の課題などの課題を改善しなければなりません。

## 工程間滞留理由と仕組み改善（7-6-3）

| 呼　称 | 詳細理由 | 仕組み改善 |
|---|---|---|
| 計画不良 | 工程間同期の取れない計画 | 計画の3情報不足、計画作成の稚拙、再計画の遅れなどの仕組み |
| 特急の通過待ち | 飛込み・割込み・特急による通過待ち | 投入規制など運用の仕組み |
| 進捗把握不能 | 外乱による工程進捗異常発生 | 進捗管理と再計画の仕組み |
| 能力バランス不良 | 前後工程の生産能力のアンバランス | 生産能力の見直しとバランスの仕組み |
| 前後工程トラブル | 前工程の計画外生産、後工程の受取り不能 | 工程間同期計画の再計画の仕組み |

第7章 コストダウンと改善の変革──DX化のテーマ②

# タイヤ工場のコストダウン——変革の種⑦

　M工場は、自動車のタイヤメーカーのトラック用タイヤの工場です。ゴムの混練からパーツ材料作成、成形、加硫、検査の全工程を持つ、タイヤの一貫工場です。

　当初の話は、タイヤ1個の実績原価を知りたいということでした。そこで、個別実績原価の原単位データを打合せしたところ、4つの原単位をPOP（生産時点情報管理）で自動採取することになりました。原材料使用量、作業者工数、機械占有時間、そして、電力使用量の4つです。

　工程ごとに、4つの原単位データをどのようにして自動採取するかを決めていきます。たとえば、成形工程では、作業者が1人でいくつかのパーツ材料を使って、1個のタイヤの原形を手作り（セル組立）していました。そこで、1個のタイヤについて、作業開始から作業終了までの作業者工数の原単位を自動採取するようにしました。

　タイヤ1個の4つの原単位データが得られるようになったときに、同じ品番を同じロット数で作ったときのタイヤ1個の原単位データが、作るたびに大きくバラツクことが明らかになりました。

　そこで、原単位データのバラツキの原因を調べたところ、不良を作ると不良分の原材料が余分にかかることや、作業者の準備や手際の良し悪し、段取りなどの機械の使いこなしの良し悪し、電力の無駄な使い方などによることがわかりました。

　そこで打ち出されたのが原価改善会議の実施です。大きな職場単位に週1回の会議を行って、品番ごとロットごとの4つの原単位データを比較します。そして、最も安い原単位データのときの作り方を製造現場で調査して、「安い作り方」を探し出します。

　このようにして、最も安い原単位データのときの「安い作り方」を標準作業に制定して作業者に徹底したところ、高い原単位データになるような作り方がなくなって行きました。その結果、バラツキは安い原単位データに収束して、大幅なコストダウンが実現できました。

# DQC管理の高度化
## ——DX化のテーマ③

今までやられてきた生産管理、品質管理、そして実績原価管理について、その課題を拾い上げると、多くの課題が残されています。そこで、これら残された課題を解決するばかりか、従来はできなかった高度な管理レベルにまで高める変革ができれば、新たに第3の利益（管理利益）を獲得できます。

# 8-1
# DQCコントロール管理を高度化

D（納期）、Q（品質）、C（実績原価）のコントロール管理にIoTを活用すれば、リアルタイムに濃密な詳細な実態データを取得できて、PDCAを確実に早く回せます。また、AIを応用できれば、現状の生産管理、品質管理、そして実績原価管理を高度化できます。

## ▶▶ DQC管理の課題

**コントロール管理**は、P（目標）、D（実行）、C（評価）、A（対策）のサイクルを回すことということは、2-1節で述べました。

しかし、現状のDQCのコントロール管理は、PDCAのサイクルが確実に回っていない場合もあるので、十分なコントロール管理が実行できているとは言えません。このうち特に問題なのは、C（評価）です。評価は目標と実態との差異を見て行われますが、コントロール担当者がチェックしたいときに実態情報がリアルタイムに得られないためにPDCAを回せないことがあります。

現状のDQCコントロール管理には、それぞれ次のような課題があります。

### ①生産計画の課題

計画の基礎データである生産資源の能力基本データ、標準時間（標準工数）の基本データ等が、多品種・小ロット・短期間生産によって変わってしまった製造現場の実態能力や実績時間（実績工数）との乖離が見られるので、実態を正確に把握して、基本データに反映させなければなりません。

また、マニュアル・インプットで直接的な情報採取ではないので、生産実績、工数実績、または工程進捗の**情報の精度**に欠けることがあります。また、マニュアル・インプットのために時間的な遅れがあるので、**リアルタイム**な工程進捗が得られないばかりか、迅速な計画への消し込みや再計画ができない課題があります。

### ②在庫管理の課題

　現在の在庫管理は在庫把握に過ぎません。在庫管理はコントロール管理ですから、PDCAを回して管理しなければならないことは2-3節で述べました。

　大事なことは、実在庫の正確な把握を自動的にできるようにして、在庫管理者がPDCAを毎日回してコントロールするようにしなければならないということです。

### ③調達管理の課題

　受注や発注に、未だ一部にFAXが用いられていて、多くのムダが発生しています。これには国内の情報インフラ（基盤）整備の遅れがありますが、受発注ネットワーク「中小企業共通EDI」の普及が待たれます。また、宅急便では実施されているような、調達品の現在地（ロケーション）把握の情報化も必要です。そして、工場内での検品受入れから入庫、出庫、配膳、製造現場への配送まで、現物把握が容易にできる必要があります。

　調達のコントロール管理を実現するには、2-4節の契約違反の業者へのフィードバックがなされなければなりません。

### ④進捗管理の課題

　進捗管理については2-5節で述べました。工程進捗にしても、作業進捗にしても、リアルタイムな進捗情報が得られないところに進捗管理の大きな課題があります。

　結果として、コントロール管理のPDCAをうまく回すことができないばかりか、日限遅れの後始末に追われているという課題があります。

### ⑤品質管理の課題

　品質管理の課題は2-7節で述べました。一つは、リアルタイム品質管理であり、二つは、品質情報と製造履歴情報が一体となったビッグデータの分析による品質管理です。特に後者については、品質管理から製造技術へ、重要パラメータや制御条件の提案があってしかるべきと考えられます。

## ⑥実績原価管理の課題

　実績原価管理については2-8節で述べました。受注生産における実績工数の自動採取と仕込み生産における個別実績原価の4つの原単位を自動採取して、個別実績原価管理を確立するとともに、その成果を工場経営に生かすという新しい発想が望まれます。

### DQCコントロール管理の課題（8-1-1）

| テーマ | 課題 |
|---|---|
| 生産計画 | ＊ 実態データと基本データが乖離している。 |
| | ＊ 生産現場からのデータ自動採取ができてない。 |
| 調達管理 | ＊ 受発注の情報インフラの整備ができてない。 |
| | ＊ 調達品の現物管理と所在地管理がない。 |
| 在庫管理 | ＊ 在庫の現物管理がない。 |
| | ＊ 在庫のコントロール管理がなされてない。 |
| | ＊ 在庫をコントロールするヒトがいない。 |
| 進捗管理 | ＊ リアルタイムな工程進捗情報が得られない。 |
| | ＊ リアルタイムな作業進捗情報が得られない。 |
| 品質管理 | ＊ リアルタイムな品質管理できていない。 |
| | ＊ 品質と製造履歴のビッグデータの分析ができてない。 |
| 実績原価管理 | ＊ 受注生産での実績工数の自動採取ができない。 |
| | ＊ 仕込み生産での実績原価原単位の自動採取ができない。 |

# 8-2
# 生産計画の高度化

従来の工程進捗情報は、情報の精度に欠けるばかりか、情報のマニュアル・インプットのために遅れがあります。そのため、リアルタイムな計画への消し込みとリアルタイムな再計画ができない課題があり、これを解決して高度化します。

## ▶▶ 工程間同期計画の課題と解決策

組立開始日の前日までに、組立てに必要なすべての部品は、それぞれの加工や処理の工程を完了していなければなりません。このような工程間の同期をとるようにする計画が、工程間同期計画です。この計画の出力は、各工程に対しての日限を付けた生産指令となって、製造現場に指令されるものです。

生産管理の進行係スタッフの業務は、工程間同期計画を作るとともに、各工程に生産指令された日限が守られているかどうかを、工程進捗情報と対照してコントロール管理しなければなりません。しかし、リアルタイムな工程進捗情報がないために、計画の消し込みと再計画づくりが後手に回るのが課題です。

工程間同期計画を作るのに必要な3情報があり、各工程での**標準工数時間**（人数×時間）、各工程の生産資源（ヒトや機械）の**生産能力**、そして**工程進捗**の情報です。また、各工程の生産能力に対して、工数時間の山積みと山崩しの**平準化機能**も必要です。

要するに、工程間同期計画の課題は、リアルタイムな工程進捗情報がないことと、山崩しの優先順位決定の要因分析が困難なために再計画の自動化ができないことです。

そこで、その解決策として、リアルタイムな工程進捗情報については、7-5節で述べたIoTのシステムからリアルタイムに得られるから、これを用いれば解決できます。また、山崩しの優先順位の決定には、AIを応用して挑戦すれば、工程間同期計画の高度化を達成できます。

## 工程間同期計画の3情報（8-2-1）

Aの機械は
1日でXを50
個の加工能力
がある。
Bの機械は
1日でYを35
個の加工能力
がある。

① 資源能力
の情報

② 実行工数
の情報

Xの加工には
3人×3時間
かかる。
Yの加工には
2人×2時間
かかる。

③ 工程進捗
の情報

当該ロットは現時点で
W工程にあり、加工中
である。

## 工程間同期計画の情報関連図（8-2-2）

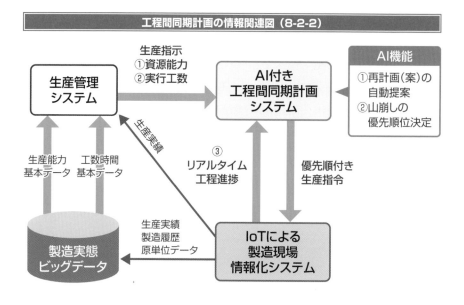

## 差し立て計画の課題と解決策

　差し立て計画は、当日の仕事を作業者や機械に割付けることと、割付けた仕事の優先順位をつけて作業者や機械設備に指示するためのものです。この差し立て計画は、製造現場の外乱（仕事のスムーズな進行を阻害する要因）の発生のために、1日数回の再計画が必要なことを想定しておかなければなりません。

　現時点では差し立て計画の自動化と再計画の自動化は、実用段階にないと思われます。1番目の理由は、仕事の割付けは作業者の能力を見ながら行われますが、この能力の中には技能、速度、精度、習熟度、品質等さまざまな要素が入っており、これらいくつもの情報を評価して、この仕事にはこの作業者が適任であるという判断をするAI（人工知能）が必要だからです。

　2番目の理由は、異常発生時の再計画の機能が不十分で、リアルタイムな進捗の情報が得られないこと、さらに重要なことは想定される異常が多すぎてその対応策もありすぎて、臨機応変を実現するAIが必要だからです。これら2つのことにAIで挑戦することは、この差し立て計画の高度化に大きな貢献になります。

　AIが実用化されるまでの過渡期のつなぎとして、当面の解決策は、適任の作業者を選定することを現場リーダーの頭脳に任せること、また仕事の優先順の判断も現場リーダーの頭脳に任せることにします。そして、差し立て計画に必要な「計画の3情報」を現場リーダーに情報提供して、差し立て計画づくりの情報支援をすることです。計画の3情報とは、仕事にかかる時間（AT：実行時間）、生産資源（ヒトや機械）の生産能力、そして今やっている仕事の作業進捗情報（作業終了予定時刻）の3つですが、作業進捗情報は秒単位のリアルタイムな情報でなければならないために、IoTを用いて支援することになります。この解決策としての作業進捗管理は、8-4節で述べます。

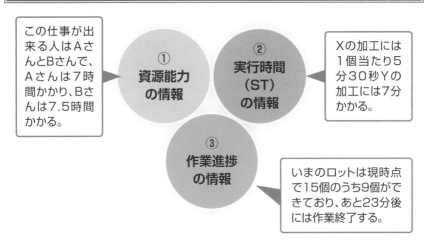

**差し立て計画の3情報（8-2-3）**

この仕事が出来る人はAさんとBさんで、Aさんは7時間かかり、Bさんは7.5時間かかる。

① 資源能力の情報

② 実行時間（ST）の情報

Xの加工には1個当たり5分30秒Yの加工には7分かかる。

③ 作業進捗の情報

いまのロットは現時点で15個のうち9個ができており、あと23分後には作業終了する。

## 素材加工工場の資金繰り改善——変革の種⑧

F工場は、厨房のシンク等の素材となるステンレスの薄板を加工する工場です。需要は多く売上げは順調ですが、利益は薄く資金繰りに追われています。

工程は10工程程度ですが、どの工程間にも山のように仕掛りのコイルが積んであり、工場はコイルであふれています。その現状は、工場にオーダーを入れてから出荷までに45日間かかります。また、ワーク（製造対象物）が加工を受けている時間は全行程の合計で8日間です。この工場の資金繰りは改善できるでしょうか。

受注生産で仕様の異なる製品を加工するのですから、理想的な製造リードタイムは加工時間8日間の倍で16日間と考えられます。それが45日間かかっているということは、29日間の工程間で仕掛りになって置いてあるということです。工場はカネの前払いですから、少なくともほぼ1か月の実績原価分のカネが前払いされていることになります。

まずは注文を整理して納期の順に並び替えてから、次にスケジューラーを導入して各工程の生産能力に見合うように負荷の平準化をして、最後に工程間同期計画を作って製造現場に生産指令するように変えます。そうすることで、約1か月の実績原価分の資金繰りが改善できます。

# 8-3

# 調達管理と在庫管理の高度化

調達品の発注から納品と検品までの調達管理は、発注については受発注ネットワーク「中小企業共通EDI」の普及が待たれますが、納品と検品については業者のコントロールを実現することが大事です。そして、在庫管理はPDCAを回して行う本来の在庫のコントロール管理に高度化しなければなりません。

## ▶▶ 調達管理の課題と解決策

調達品の発注については、未だに注文書をFAXで送ることが行われていますが、これはインターネットを通じた受発注のネットワークで自動化されるべきであり、そのために用意された「**中小企業共通EDI**\*」の普及が待たれます。

調達管理については、2-4節で述べたように、PDCAを回してコントロール管理しなければなりません。それは、検品において、調達品の仕様、品質、納期、数量についての契約違反を見つけて対処するとともに、これを記録して、業者の協力を得るように働きかけることが対策です。

## ▶▶ 工場内物流の課題と解決策

検品された調達品は、倉庫まで運ばれて入庫の手続きによって在庫品となり、出庫のときまで保管されます。生産管理の指示による出庫の手続きに応じて出庫されて、在庫数から出庫数が差し引かれて、新しい在庫数（理論在庫）として在庫管理システムに記録されます。そして、製造現場のラインや工程のそばまで運ばれて、現場のリーダーによる生産準備のチェックの後で、加工や組立てに使われます。

しかし、製造現場からの緊急要請による出庫手続きの場合は、その出庫数のシステムへのインプットの遅れや忘れのために、理論在庫と実在庫に狂いが生じることがあり、在庫の欠品騒ぎになることがあります。これを防ぐために、自動倉庫にしているところもありますが、自動倉庫の場合はピッキング数の誤りによる理論

第8章　DQC管理の高度化──DX化のテーマ③

---

＊**中小企業共通EDI**：中小企業庁が勧める中小企業が抱える受発注業務のIT化を実現できる汎用性の高いEDI（電子データ交換）の仕組み。

在庫と実在庫の狂いが生じることがあります。このために、ある期間を決めて棚卸しを行って、実在庫数に理論在庫数を修正することが行われています（棚卸しの別の目的は決算の報告のためでもあります）。

いずれにしても、現物と実数を正確に把握しながら、工場内の物流を考えるとRFID（無線メモリカード）の活用がベストであり、これをIoTのセンサーの一つとして応用していけば、現物と実数とそのロケーション（所在地）に狂いは無くなります。

## ▶▶ 在庫管理の課題と解決策

在庫管理については、2-3節で述べました。そして、在庫管理はコントロール管理であるから、PDCAを回して管理されるべきものです。

ここで指摘しておきたい在庫管理の問題点は、工場の縦割り組織のせいで、在庫をコントロールするヒトの不在です。発注する調達担当、受入れと検品の担当、在庫の出し入れの担当、配膳や物流の担当というように分かれていて、誰一人として実在庫のコントロール管理をしているヒトがいないのです。コントロールがなされないので、在庫はリスクヘッジ（危機管理）のために増加していき、ムダな在庫のためのカネが支払われています。発注停めや緊急発注の権限を持つ在庫コントロール担当者を置くべきです。

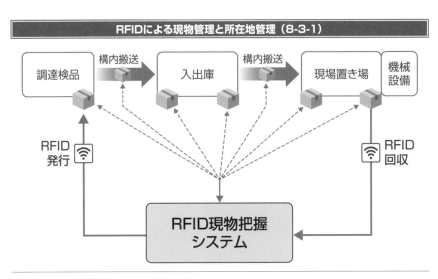

RFIDによる現物管理と所在地管理（8-3-1）

# 工程進捗管理と
# 作業進捗管理の高度化

生産管理のスタッフが行う工程の計画日限を守るための工程進捗管理は、リアル
タイムな工程進捗情報が得られないために十分なコントロールができていません。
また、製造現場のリーダーの業務としての作業進捗管理も、リアルタイムな作業進
捗情報が得られないので苦労しています。いずれも、IoTによって情報支援がなさ
れれば、高度化できます。

## ▶▶ 工程進捗管理の課題と解決策

工程進捗管理は、生産管理スタッフがPDCAを回して行うコントロール管理で
す。Pで**工程間同期計画**を作って、各工程に日限を指示して、Dでは製造現場で作
業してもらい、Cで計画の日限と**工程進捗**を対照します。そして、Aで進捗が日限
を守れそうになかったら、他のロットとの優先順を変えるか、工程間同期計画を再
計画して、計画の日限を変えて製造現場に指令して、進捗管理しなければなりま
せん。しかしながら、工程の進捗情報がリアルタイムに得られなければ、Cの評価
ができないのでコントロール・サイクルが回らず、日限を過ぎた後で進捗がわかっ
たとしても、その場合は計画を大きく混乱させてしまうことになります。

リアルタイムな工程進捗情報は、**図7-5-1**で示すように、第1工程の段取中、本
作業中、第1と第2の工程間仕掛り、第2工程の段取中、本作業中、中断中、本作
業中といった進捗情報がIoTによって情報支援できるので、生産管理スタッフが行
う工程進捗管理が機能するように変えられます。

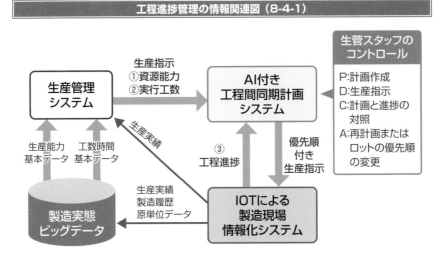

工程進捗管理の情報関連図（8-4-1）

## 作業進捗管理の課題と解決策

作業進捗管理は、現場リーダーが業務として行うコントロール管理です。現場リーダーは**差し立て計画**を作り、作業指示をしたら製造現場の**作業進捗**をリアルタイムに監視しておいて、異常が発生すれば即座の対応が必要です。

現場リーダーの作業進捗情報の場合は、「Aの機械は、現在Bの仕事をしていて、C個作るうちのD個目を加工中で、あとE分後にはBの仕事を終了予定です」との情報が秒単位の遅れも許されないリアルタイムで提供されなければ、役立たないことです。このことは第5章で述べましたが、当日の差し立て計画に沿って作業が順調に進んでいるかどうかをリアルタイム・モニタで監視して、異常があったら即断即決で対応しなければなりません。

上記の加工作業のリアルタイム・モニタは、7-4節で述べた設備総合効率のIoTのシステムから採取される情報によって容易に実現できるので、作業進捗管理を高度化できます。

**作業進捗管理の情報関連図（8-4-2）**

現場リーダーの
コントロール

P:計画作成
D:作業指示
C:計画と進捗の
　対照
A:即断即決の
　対策指示

生産指示
①資源能力
②実行時間

生産管理
システム

差立て計画
システム

生産実績

生産能力
基本データ　　工数時間
基本データ

③
リアルタイム
作業進捗

資源別
作業指示

製造実態
ビッグデータ

生産実績
製造履歴
原単位データ

IOTによる
製造現場
情報化システム

作業進捗
リアルタイム
モニタ

## 食品加工工場の増益策——変革の種⑨

　P工場は、豆腐とその加工製品の工場です。日販品の食品工場はいずれも、前日に注文を受けた分を当日中に作って、当日中に納品するのが一般的です。製品ごとに違いますが、その注文数は毎日−20%〜＋20%まで変動しますから、生産数もそれに応じて変えることになります。工場はそれぞれの製品ごとの製造ラインがあり、豆腐の仕込みから始まって、豆腐ができたら、最初には圧倒的に大量の白豆腐の包装ラインが動き出し、その後に厚あげ、うすあげ、がんもどきなどの加工ラインが動き出して、出荷時間に合わせて作ります。

　P工場の増益を達成するにはどうしたらよいでしょうか。

　この工場に個別実績原価管理システムを構築したところ、4つの原単位データを自動採取して、毎日の白豆腐1丁の実績原価のデータが＋30%〜−30%までバラックことがわかりました。バラツキの原因は生産数が変わるのに、ラインの工数、すなわち作業者数と作業時間を固定化していたためです。

　増益策として、白豆腐の生産数に合わせて、白豆腐包装ラインの作業終了時刻を決めて、それ以降は白豆腐のラインの作業者を厚あげ、うすあげ、がんもどきの加工ラインに移ってもらうように仕組み（組織、体制、制度）を変えたところ、増益になりました。

# 8-5

# 品質管理の高度化

品質管理には課題が2つあります。一つは、リアルタイム品質管理であり、二つは、品質情報と製造履歴情報が一体となったビッグデータの分析による品質管理です。この2つを解決して品質管理を高度化します。

## ▶▶ リアルタイム品質管理の実現

品質管理を製造現場のモノづくりの審判員のように孤高の存在と考えている向きもありますが、それは違います。品質管理は製造現場と一体になって、モノづくりにおける品質のバラツキを抑える作り方に積極的に貢献しなければなりません。

このような面から品質管理の高度化を考えるときに、6-2節の現場情報化システムの中にリアルタイム品質管理を組み込んだ活用が考えられます。

生産ラインや機械の生産中に不良が発生したら、**リアルタイム**な不良分析が表示されて、この表示を見ながら製造するようにします。そして、不良が2～3個以上になったら、生産ラインや機械を自動的に作業中断させるような対策が考えられます。このことをリアルタイムな品質管理と呼べば、これをあらゆる工程や機械設備で徹底的に追及されなければなりません。

まずは、あらゆる製造ラインまたは製造工程内に検査工程を組み込んで、工程内品質管理を徹底しなければなりません。そして、製造中の不良が1個発生したら、不良内容とともにデータが自動採取されて、製造ラインまたは製造工程の表示器に製造数、不良数、不良内容が自動表示されるようにします。さらに、不良要因パレート図もリアルタイムに自動表示されるようにします。このような表示によって、作業者は不良の発生状況と不良要因パレート図を見ながらモノづくりをするように変えれば、リアルタイムな品質管理が実現できます。

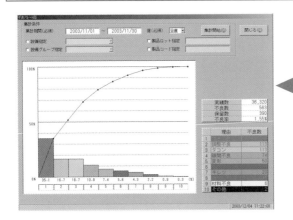

**不良要因パレート図（8-5-1）**

> 1個不良が発生するたびに変わる不良要因のパレート図である。
> リアルタイムに変わるパレート図を見ながら作業する。

## ▶▶ ビッグデータの分析による品質管理の高度化

　品質データと製造履歴データが一体となった**ビッグデータ**の解析により、より高度な品質管理ができることが期待されます。

　このようなことから、**品質のデータ**と**製造履歴情報**を一体としたビッグデータとして取り扱うことができるようにしなければなりませんが、これはIoTシステムによって容易に実現可能です。そのシステムの概念図は、**図8-5-2**に示します。

　このビッグデータを分析・解析すれば、今まではわからなかった不良発生のメカニズム等以下に述べるような、今までは不可能とされてきたテーマにも迫ることができるに違いありません。

①品質歩留まりを左右するパラメータを探求する。

②品質歩留まりを最大にする機械の制御条件や調整値を決める。

③機械と金型の相性を良くするための機械の制御条件を探す。

④ダイスや刃物の交換時点を見極める。

⑤品質と保全の必要時期を見極める。

⑥品質と作業者の癖の相関を見つける。

⑦品質と作業者のチーム編成やシフトとの相関を見つける。

　このようなテーマをクリアした時に、品質管理は次の高みへと到達できることになります。

**品質ビッグデータの分析の情報関連図（8-5-2）**

# マネジメント管理の革新
## ——DX化のテーマ④

　４つの経営資源の中で、ジョウホウ資源の活用が遅れをとっているように見えます。工場経営管理者の勘と経験による経営判断を、明確な課題の提起と実態の正確なデータと因果関係の裏づけを提供して、理詰めの経営判断へと変革されなければなりません。

# 9-1

# 工場経営管理者の情報ニーズ

工場経営者の必要情報の一つが、製番損益またはロットの損益です。これを常時提供できるようにして、経営判断を支援します。また、工場の生産性指数の提供も忘れてはなりません。

## ▶▶ 工場経営者とその情報ニーズ①

工場経営者の頭から離れないのは業績です。四半期ごとの決算書を見て、または月次の決算書を見て、結果の業績はわかりますが、その結果業績を左右した**製番損益**や**ロットの損益**を知りたいとの欲求は必然です。

そこで、**受注生産**の場合の製番損益については、従来から多くの手間ひまかけてマニュアル・インプットされた工数と、原材料や部品等の調達価格から算定した製造原価と見積り原価（または仕切り原価）とを比較した「製番損益」として、工場経営者に情報提供されてきました。

しかしながら、**仕込み生産**の場合は、ロットごとの実績原価の算定は煩雑すぎるとして敬遠されて、まれにサンプリングとしてロットの損益を算出されることはあったとしても、すべての「ロットの損益」を知ることはできませんでした。

### ① IoT による工数原価管理システムによる情報支援

受注生産の場合においては、IoTを使えば製番ごとの**実績工数**の自動採取は可能ですから、より精度の高い「製番損益」を工場経営者に提供できる。

製番損益は、後述する製番別の工数実績原価管理システムを用いて得られる正確な実績工数のデータと、材料や部品の調達価格データから算出して、提供できるように変革します。

### ② IoT による個別実績原価管理システムによる情報支援

仕込み生産の場合も、IoTを使えばロットの4つの原価原単位を自動採取するの

は可能です。これにより、個別実績原価管理システムによって品種ごとのコストダウンを実現しながら、「ロットの損益」を知ることができます。その結果は、赤字ロットの解消や、利益の多く得られる品種の販売に注力するなどの経営判断の情報としても活用できます。

## ▶▶ 工場経営者とその情報ニーズ②

　工場経営者の情報ニーズとしては、工場の生産性が高く保たれているかどうかを知りたいというのがあります。このための生産性指数をIoTにより採取して、生産現場の実態を正確に反映した指数として提供するようにして支援します。

### ①ヒトの生産性

> **人工生産性**＝良品数／工数

　作業者の作業工数（人数×時間）当たりの良品生産数の指数で、単位工数時間あたりの生産数を表す指数です。
　これは、個別実績原価管理システムからの工数原単位データと日報の良品生産数から算出して提供できます。

### ②キカイの生産性

> **設備総合効率**＝時間稼働率×性能稼働率×良品率
> 　　　　　　　＝稼働時間／就業時間×実速度／性能最高速度×良品数／
> 　　　　　　　　製造数

　機械ごとの生産に寄与した活用度を表した指数で、就業時間中に機械が加工している時間の比と、キカイの持つ最高性能のうちの実使用性能の比と、製作数のうち良品数の比（不良を作った時間はムダな時間）の積です。
　これは、機械稼働管理システムからの時間稼働率データと、製造履歴トレーサビリティ・システムからの性能稼働率データと、品質管理システムからの良品率デー

タから算出して提供できます。

## ③流れの生産性

> **スループット**＝良品数／製造リードタイム

　生産の流れのスムーズさを表す指数で、各ロットの最終工程での良品数と工程間滞留時間を含むロットの製造リードタイム（初工程の投入時刻から最終工程の完成時刻までの時間）の比率です。飛込み、割込み、特急など、計画外の仕事の投入、工程内での不良や手直し時間、そして工程間での滞留時間があれば流れは悪くなります。

　これは、7-5節で述べた製造リードタイム管理システムからの製造リードタイムのデータと、各工程の生産日報から得られる生産数のデータから算出して提供できます。

**工場経営管理者の情報ニーズ（9-1-1）**

### ニーズ❶：工場の損益

●**受注生産の損益指数**
工数原価管理システムを基にした『製番損益』

●**仕込み生産の損益指数**
個別実績原価管理システムからの『ロットの損益』

### ニーズ❷：工場の生産性

●**ヒトの生産性指数**
『人工生産性』＝良品数/工数

●**機械の生産性指数**
『設備総合効率』＝
時間稼働率＊性能稼働率＊良品率

●**流れの生産性指数**
『スループット』＝
良品通過数／製造リードタイム

# 9-2
# 実績原価がわかれば経営戦略を変えられる

個別実績原価管理を確立して、コストダウンの実益を得るとともに、そこから得られる製番損益情報またはロットの損益情報によって、今までより深い経営判断ができるようになります。また、製品1個毎の原価がわかれば、経営戦略を変えられます。

## ▶▶ 実績原価管理のメリット

実績原価管理の具体例は、7-2節および7-3節で述べました。そのメリット（利点）は、**コストダウン**の実現だけにとどまらず、以下のようなものがあります。

### ①コストダウンによる利益増出

IoTによる個別実績原価管理システムの構築に情報投資して、そのDX変革の結果としてコストダウンが実現すれば、文字通りロットの実績原価を安く作ることができるので、情報投資の何倍もの利益をもたらすことになります。しかも、もし数年の間売価が変わらなければ、その間、毎年上記の利益を享受できます。

### ②製番損益とロット損益の改善展開

9-1節で述べたように、工場経営者は製番損益またはロットの損益を渇望しています。実績原価管理によって、**製番損益**または**ロットの損益**が精度高く得られるので、もし赤字の時には、当該製番または当該ロットの原価がなぜ高くなったのかという原因調査に踏み込むことができます。その原因はいろいろですが、工数の見積りと実績とが大きく違っていたこと、または容易な仕様と思われたのにモノづくりの難易度が極端に高かったことなど、細部を調査すれば思いもかけなかった現実に驚嘆させられることもあります。原因がわかったら、その課題改善や仕組み改革ができるようになります。

### ③実績原価データは工場の実力が判明

　実績原価の原単位データは、7-3節で述べたように、①原材料使用量はムダなく原材料を使ったかがわかるし、②作業工数では作業能率よくできたかがわかるし、③機械占有時間では機械の使いこなしがうまくできたかがわかるし、④電気の消費が省エネできているかがわかります。このように、**製造現場の実力**が原価の原単位データに現われますし、逆に原単位のデータで製造現場の実力がわかります。実力がわかったら、営業の見積り原価基準データの見直しをしておかなければなりません。

### ④工場の基本データの更新

　工場の**基本データ**である標準時間（標準工数）、生産資源の生産能力は、上記の②と③の実力を反映して決められるべきです。しかも、この実力は変動するものですから、その変動に合わせて基本データを更新できるようにしておかなければなりません。

## ▶▶ 実績原価に基づいた経営戦略

### ①利益構造分析展開

　ある品番のロットの実績原価から、当該品番の製品1個の原価が明確になり、品番ごとの利益ランキングや、品番ごとの製造難易度が分析できるようになります。

　これらの分析から品番の利益貢献度分析をしてみると、利益に貢献している品番が明確になるので、これを経営戦略に利用できます。

### ②個別製品の販売戦略

　上記の分析から、利益の出る品番の製品を多く売り、製造難易度の高い製品は仕様を変えてもらうか売価を高くしてもらうように、個別の製品販売戦略を考えることができるようになります。また、工場の実力に合った製品を多く作るように、OEM（他社ブランド製品の製造）受注戦略も考えられます。

### ③低価格競争戦略

　ある品番の原価が安く作れることがわかったら、当該品番の売価を自ら下げて

いって、他社が追随できなくしていくことで、シェアを独占して生き残る戦略も取れることになります。実際にこの戦略で世界一のシェアを獲得した企業があります。

　このように、正確な実績原価が明らかになれば、経営戦略の幅を広げることができます。

**個別実績原価データの経営活用（9-2-1）**

# 工場の間接業務の BPR（業務革新）

間接業務の生産性を上げる手法の一つがBPR（業務革新）です。これは業務に必要な情報が必要なときに提供されれば、業務の速度と精度は革新されるというものですから、IoTやAI技術を使っての情報支援を考えます。

## ▶▶ 間接業務のBPR（業務革新）

間接業務の業務革新については、**BPR**（Business Process Re-engineering：業務革新）によって実現できます。

BPRとは、「業務を根本的に再考し、本来業務ができるように情報技術を用いて、業務を再設計して革新させること」としています。ここで示されていることは2つあります。1つは、現在行われている業務は本来的なものかどうかを再考せよとのことです。もう1つは、「業務に必要な情報」が「必要なとき」に提供されれば、「業務の速度と精度は革新される」というものです。

したがって、まずは現在業務を調査して、重複した業務は一本化し、組織の再編成を行わなければなりません。また、業務の状況報告が、工場の基本データ（ST標準工数データ、生産能力のデータ、見積り原価基準データなど）が常時見直されて、それぞれの部署が統一された基本データを基にしてなされるように改めなければなりません。

---

**BPR（業務革新）とは？（9-3-1）**

経営・管理・監督およびスタッフ等の間接業務において、

- 現在の業務を見直し、本質的業務のみに業務内容を整理しなければならない。（業務内容の整理）
- 間接業務者は情報を探して手元にし、意思決定して、結果の情報を他へ出力している。（本質の見極め）
- 必要な情報を必要なときに提供できれば、業務の精度と速度は革新できる。（情報支援）

## ▶▶ 業務階層とその必要情報の特徴

　データと情報の違いは、**データ**が無味乾燥な数字の羅列であるのに対して、**情報**はヒトのにおいやヒトの思いが絡んだもので、ヒトが受取りヒトに送るものということです。また、ヒトにとっての情報は、「必要な時や場面において役立つ情報しか価値がない」という特徴があります。

　そこで、工場の**業務階層**を工場経営管理者層、DQC管理スタッフ層、製造現場の監督層（製造課長）、製造現場のリーダー層、そして作業者層の5つの階層において、各層の通常業務に必要な情報は何かを調べてみます。その上で各層の情報の特徴を2つの情報の属性、**詳細度**（ミクロ情報かマクロ情報かの判別）と**新鮮度**（情報発生からの時間経過）で見てみると、明らかな特徴が浮かび上がってきました。

### ①工場経営管理者層の必要情報の特徴

　工場経営管理者層とは、工場の役員及び総務、労務、経理などマネジメント管理業務に携わる階層です。それら経営業務に必要な情報は、工場全体のヒト、モノ、カネ、ジョウホウに関するものです。その詳細度は工場全体というマクロ情報であり、その新鮮度は週遅れ（または月後れ）の情報で十分にマネジメント業務を遂行できます。

## ② DQC 管理スタッフ層の必要情報の特徴

　生産管理、品質管理、実績原価管理などのコントロール管理業務に携わる階層です。これらコントロール業務に必要な情報は、製品グループの建屋単位、または加工職場と組立職場といった大工程単位のDQCに関する情報です。その詳細度は製品グループの建屋単位または職場単位のややマクロ情報で、その新鮮度は最悪1日遅れ（前日）の情報でコントロール業務を遂行できます。

## ③製造現場の監督層（製造課長）の必要情報の特徴

　現場監督（製造課長）は、マネジメント管理の課内マネージャーとしての業務とDQCコントロール管理の課内責任者の業務を兼ねています。したがって、課内のヒト、モノ、カネ、ジョウホウに関する情報と、課内のDQCに関する情報のどちらの情報も必要です。その詳細度は課内の範囲内の情報に限られたややミクロの情報で、その新鮮度は経営資源については当日末の情報で、DQCについてはロットの終了時点ごとの実績情報で現場監督の業務を遂行できます。

## ④現場リーダーの必要情報の特徴

　現場リーダーの業務は5つ（計画と指示の業務、生産準備の業務、監視と異常対応の業務、報告と反省の業務、そして現場改善の業務）です。その必要情報は作業のDQCのリアルタイムな情報です。その詳細度は現場リーダーの持ち場（工程、ラインなど）のミクロの情報で、かつその新鮮度は秒単位のリアルタイムな情報でなければなりません。

## ⑤作業者の必要情報の特徴

　作業者または作業チームの必要情報は、作業指示の情報や作業中の経過情報、そして作業の結果（実績）などです。その詳細度は担当の工程、または担当ラインというミクロの情報で、かつ瞬時のリアルタイムな情報です。

　このことから、工場の階層においては、組織の下の階層から上の階層に向かって、その詳細度はミクロからマクロへと移っていき、新鮮度は瞬時のリアルタイムから秒単位の遅れ、ロットの終了時点の遅れ、日単位の遅れ、そして週単位の遅れで

も役立つことがわかります。

　さらに言えば、この詳細度と新鮮度のマッチしない情報は、業務に役に立たないだけでなく、見向きもされないということです。

　したがって、業務に対する情報支援を考えるときに、「詳細度と新鮮度のマッチングした情報を情報の利用者に提供する」との前提を外してはなりません。特に新鮮度において、製造現場の現場リーダーや作業者の見たい、知りたい情報は瞬時のリアルタイムな情報ですから、センサーから表示までが1秒の遅れであっても許されない情報システムの設計が必要になります。また、誰かが使うだろうというデータベースは、結局誰も使わない結果になります。

## 情報の利用者（9-3-2）

| 利用者 | 情報の種類 | 詳細度 | 新鮮度 | 目的、効果 |
|---|---|---|---|---|
| 工場長、部長、スタッフ（第1群） | 負荷計画、月次原価、在庫状況、勤務状況、経理・財務状況、生産性指数 | 工場全体 | 月単位 週単位（バッチ） | 経営戦略、マネジメント管理 |
| DQC管理スタッフ（第2群） | MRP-2計画、工程間同期計画、工程進捗、品質状況、実績原価 | 職場 大工程 | 前日 | DQC コントロール管理 |
| 現場課長（現場監督）（第3群） | 当日計画対比生産推移 部門別、工程別生産性指数 | 部門内 課内 | 直単位 ロット単位（リアルタイム） | 第3の利益 |
| 現場リーダー（第4群） | 生産指令情報 差立て計画用情報（工数・生産能力・生産進捗）工程間調整用情報 ロット別、機械別、作業者別生産実績、異常発生箇所 製造履歴情報 | 工程内 ライン内 | 秒単位（リアルタイム） | 第3の利益 |
| 作業者（第4群） | 生産指示情報 生産実績高 生産達成率 不良率 | 班内 ライン内 | 秒単位（リアルタイム） | 達成意欲 参加意識 |

第9章　マネジメント管理の革新──DX化のテーマ④

# 9-4
# 間接業務者の業務の革新

　BPR（業務革新）の思考の下で、企業内間接業務者の相互情報伝達のためにパソコンとネットワークを前提として開発されたのが「グループウェア」と呼ばれるソフトウェアです。そして、間接業務者のうち、マネジメント管理者の業務を情報支援するために開発されたのが「ERP（基幹統合）システム」です。

## ▶▶ グループウェア

　**グループウェア**は、報告、連絡、相談、掲示板、スケジュール、メール等の機能を持ち、企業内の組織の上下、左右の間接業務者間で、必要な情報を必要な時にやり取りが行える情報活用のツール（道具）です。意思の疎通だけなら電話でもよいですが、電話には相手の業務時間を拘束する欠点や、一対N、N対Nの通話は困難な欠点、通話の履歴が通常の場合得られない欠点などがあります。グループウェアにはこれらの欠点がないため便利に使えます。

　このグループウェアによって、必要な情報が必要な時に取り寄せることができることで、間接業務者の業務の精度と速度は革新されるというBPRのメリットを享受できます。

## ▶▶ ERP（Enterprise Resource Planning：基幹統合）システム

　工場のマネジメント管理者とそのスタッフの業務は、経営資源（ヒト、モノ、カネ、ジョウホウ）を日常的に取り扱う業務です。そして、経営資源の動きの情報が必要であるし、また「経営資源の過不足はないか？」「経営資源は活用されているか？」という情報も必要です。これ等の業務についての必要な情報は、ERP（基幹統合）システムからの情報で、工場のマネジメント管理者とそのスタッフを支援しています。なお、同じ間接業務者でも、DQCのコントロール管理者の情報支援は、8-2節で述べました。

　ERP（基幹統合）システムは、BPR（業務革新）の理念を基に開発されたもの

で、企業内の業務の重複を無くすとともに、世界標準的な基幹業務の進め方を取り込むようにしたものです。ERP以前のマネジメント管理で使われてきた業務用アプリケーション・ソフトは、業務に合わせてCOBOL言語を使って作られてきた経緯から、業務相互間での連携や統一に欠けていました。そこで、これを基幹のデータベースを中心にして業務間の連携や統一を図って開発されたものです。したがって、工場マネジメント管理者の業務の生産性に課題があるなら、ERPシステムの導入が先決です。

しかしながら、ERPシステムには、以下の2つの課題が残されています。

### ① ERP へのマニュアル・インプットの課題

その課題はERPシステムへの入力です。ヒトの出勤、退勤またはリモート業務での業務時間、カネの出し入れ、モノ資産の動き、ジョウホウの入力（特に製造現場からの生産実績や実績工数など）が、端末機（パソコン）からのマニュアル・インプットに依存しているところを、可能な限りIoTによって自動化しなければなりません。

このうち、製造現場からのデータ入力の自動化については、6-2節で述べました。

### ②生産現場の実態データを基本データに反映する課題

ERPの「データの精度と信頼性」に課題があります。特に、工場の基本データとされる生産能力のデータ、標準時間（または見積り時間）のデータ、そして標準原価（または見積り原価）のデータが、工場現場の実態データと乖離していることがあるからです。工場現場の実態が多品種・小ロット・短期間生産によって変わって行くのは、1-9節で述べました。その実態の変化に基本データの更新が追い付いていないからです。

したがって、ここでもIoTによる個別実績原価管理システム（7-3節参照）から得られる原単位データを基に、工場の基本データが定期的に自動更新されるようにシステムの改善がなされて、精度と信頼性の高い情報で業務が行われるようにしなければなりません。

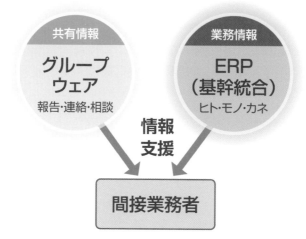

間接業務者への情報支援（9-4-1）

共有情報
**グループ
ウェア**
報告・連絡・相談

業務情報
**ERP
（基幹統合）**
ヒト・モノ・カネ

**情報
支援**

**間接業務者**

column

## 仕込み生産工場の製品在庫削減——変革の種⑩

　E工場は、水回り用の雑貨にしゃれたデザインをほどこして、若い女性から支持されている製造販売メーカーです。販売計画に沿った仕込み生産を行っていますが、期末には売れなくて捨ててしまう製品在庫がかなりあります。顧客への欠品は出さずに、製品在庫を減らす方法はあるのでしょうか。

　そこでまずは、製品在庫品のすべてにバーコードの現品票を貼り付けることから始めました。次に、在庫コントロール担当者を置きました。そして、アイテムごとに毎週の在庫目標数を明確にし（P）、倉庫の出し入れごとにバーコードリーダーで現物と実在庫数を把握し（D）、目標在庫数と実在庫数との差が適正在庫幅を超えたら（C）、その日のうちに過剰であれば生産を止めるか、過小であれば優先的に生産させるか（A）の対策を打ちます。そうすれば、在庫は必要最小限で抑えられ、その結果在庫を削減できます。また、資金繰りにも大きなメリットがもたらされます。

　工場経営管理者に「在庫はコントロールしなければならないものである」との認識が欠けていて、決算報告のために在庫の棚卸ししかされていないのが日本の現状です。

# 保全業務の変革
## ——DX化のテーマ⑤

　工場の業務のうちで全く変わらないできた業務の一つが保全業務です。ここに IoT や AI の技術を用いれば、新しい業務に変えられますし、業務に携わるヒトのマインド（意識）まで変えられます。

# 10-1
# 保全の業務の変革

　工場は労働集約型から装置産業型に変わってきていて、自動化機械や自動化設備が増えているので、それら機械設備を保全する保全業務も増加の一途です。しかしながら、保全の業務は旧態依然で、保全マンのマインドも古めかしいままです。これを変革しなければなりません。

## ▶▶ 保全の概要の知識

### ①機械設備のライフサイクル（一生）

　機械設備を安全にいつでも使える状態に保つことを**保全**と言い、機械設備を故障前の状態に戻すことを**保守**と言うように使い分けをするのが一般的です。

　工場へ据え付けられて使用開始されてから、役割を終えて使用終了されるまでの機械設備の一生を、機械設備の**故障率**（故障回数／動作時間）のグラフにしてみると、西洋式のバスタブ（ふろおけ）の形に似ているバスタブ・カーブ（**図10-1-1**）と呼ばれる形になります。使用開始直後は**初期故障期**と呼ばれる故障が多発する時期で、故障するたびに保守を続ければ急速に故障率は減少し、めったに故障しない**安定期**に到達します。安定期は長く続きますが、やがて経年変化や消耗や摩耗が進むと、再び故障率は緩やかな増加に転じて**終末故障期**を迎えます。終末故障期になって、時間が経つごとに故障率が増加していくと、それとともに保守が増加して保守の費用がかさむことになります。最終的には、保守の費用と新規設備の設備投資等とを比較検討して、機械設備の使用終了を決定することになります。

### ②故障率とMTBF（平均故障間隔）

　故障率とは、機械設備の故障回数を動作時間の合計で割ったもので、一定期間内の故障の発生の割合を表す指数です。故障率の高い機械設備は、よく故障しますから、保全の回数も多くなります。

また、MTBF（平均故障間隔）とは、動作時間の合計を故障回数で割ったもので、故障と故障の間の平均時間を表したものです。MTBFの短い機械設備は、保守したら短い期間でまたすぐに故障するものです。

なお、故障率とMTBFの関係は、故障率＝1／MTBFですから、MTBFの短い機械設備はよく故障するといえます。

### 設備のライフサイクル（10-1-1）

1）初期故障期　2）安定期　3）終末故障期

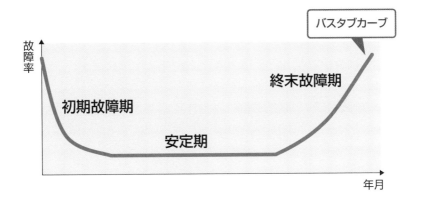

### ▶▶ 保全業務の変革

故障の後でこれを修復することを繰り返すような、一般的に行われてきた保全業務の場合には、故障のない時間帯に保全日誌や巡回点検記録などの事務作業で時間をつぶす姿が見られます。一方で、故障の原因追及をしようにも、フライト・レコーダのような記録もないしデータもないので、対策できないなどで放置してあるから、故障が再発する悪循環も起こっています。

他方、自動化・省力化によって工場の機械設備は増加の一途をたどっていて、上記の保全業務を続ける限り保守の工数は増加するばかりであり、保全業務のコストダウンなどは夢物語です。また、上記のような保全業務に携わる保全マンは、異常対応と保守に追われる受け身の業務が習い性になって、そのマインドは低いままです。したがって、保全業務は変革されなければなりません。

業務変革後の保全業務をイメージすれば次のようになります。

①巡回点検で記帳していたデータは自動収集化されて、また故障前後の機械設備の運転記録は自動的に記録されて残されるようになります。さらに、製品の品質と機械設備の状態、機械設備の状態とエネルギー消費量との関係などは、ビッグデータが自動的につくられているようになれば、保全マンは記帳やマニュアル・インプットなどの事務作業から解放されます。

②保全計画に基づいて、それぞれの機械設備の部位ごとに、**保全方式**（事後保全、予防保全、予知保全）が決められ、センサーから自動的に採取された稼働時間や動作回数または健康診断データによって、保全が必要になった部位がわかるようになるので、必要な保全が故障の前にできるようになります。

③保全マンは機械設備の**健康管理者**（保険医）として、機械設備の健康状態を常時監視しておき、また健康の限界を把握して、故障になる前に計画的に保全するように業務を変えていくことができるようになります。

④保全マンの具体的な業務は、保全計画の作成、時間基準値の決定、状態基準値の決定、機械設備の健康診断の業務をやるようになります。また、機械設備の状態と品質の分析または機械設備の劣化とエネルギーの分析などの業務も行うようになり、今までのマインドは革新されることになります。

⑤故障になる前に計画的な保全ができるようになれば、業務のコストダウンばかりか、予備品の最小在庫の追求などで保全のコストダウンが実現できます。

このようなイメージの保全業務になるように、従来からの保全業務を変えていかなければなりません。

保全業務の変革（10-1-2）

保全マインド
を設備の
健康管理者

自動採取
データによる
保全方式

事務作業
からの解放

保全業務を
基準値決定と
健康診断

保全のコスト
ダウンや予備
品在庫の圧縮
などへ展開

保全業務の変革

## ラミネートフィルム工場の仕掛り在庫削減 ——変革の種⑪

　N工場は、食品包装用のラミネートフィルムの工場です。食品包装用とはいっても、多くの種類のラミネートフィルムがあります。素材としてのフィルムを作る工程、素材同士を張り合わせる工程、製品として仕上げる工程などを通って製品になります。この工場でも、多品種・小ロット・短期間生産の波は押し寄せています。品種切り替えの段取りは大変で時間もかかりますが、ロットの長さの切り分けは自動的にできます。しかし、短期間生産のために、捨てられる仕掛り在庫も相当あります。

　この工場の課題は、工程間の仕掛り在庫です。段取り時間がかかるので、同一品種をまとめて作って仕掛りにしたり、素材フィルムがあるだけ張り合わせて仕掛りにしたりで、工程間の仕掛り在庫が倉庫に入りきれないほどでした。

　根本的な原因は段取り時間の長さですから、これを解決しなければなりません。次が「必要なものを必要な時に必要なだけ作る」という工場の仕組み（組織、体制、制度）の革新です。

　しかし、当面の課題は、仕掛りの実在庫の把握です。そこで、ワーク（製造対象物）の現品票にバーコードを付けて、工程の入口出口でなぞるようにしました。仕掛りにする場所では、現品票を発行して、これをワークに付けて倉庫にしまうようにしました。これによって、変革の第一歩を踏み出すことになりました。

第10章　保全業務の変革——DX化のテーマ⑤

# 10-2
# 3つの保全方式

保全方式には事後保全、予防保全（時間基準保全：TBM）、予知保全（状態基準保全：CBM）の3つがあります。

## ▶▶ 事後保全（RM）

故障が起こった後で修復する方式で、**事後保全**（RM：Reactive Maintenance）と呼ばれます。

事後保全の場合、故障発生から修復完了までの間の時間（修復時間）は、当該機械設備が生産活動に使えないので、短時間での修復が望まれます。

仮に重要度の高い機械設備を事後保全で行うなら、同様な機械設備を二重系化しておき、故障の修復の間も可能な限り生産が継続できるようにしておかなければなりません。いずれにしても、事後保全の最大の問題は、故障から修復までの時間は生産活動が一時的にせよ、停止するリスクが付きまとうことです。

なお、機械設備に内蔵されているデジタル制御装置は、その**故障モード**が偶発故障モードしかなく、事後保全でやるしか他に方法がありません。そのため、短時間での修復のために、予備のトレイやカセットの交換で即時対応できるようにしておかなければなりません。

## ▶▶ 予防保全（TBM）

事後保全では一旦故障が起こったら、修復までの時間は生産が停止して、損害が発生するリスクは避けられません。そこで、機械設備が故障する前に、一定時間働いた機械設備の部位やパーツを予防的に更新するようにした保全方式で、**予防保全**または**TBM**（Time Based Maintenance：時間基準保全）と呼ばれます。

機械設備の大部分の部位やパーツの故障モードは、経年劣化モードまたは摩耗劣化モードです。しかし、一部の部位やパーツは例外で、前述のデジタル制御装置は偶発故障モードであり、支持機構やフレーム枠などは故障モードなしです。

　経年劣化モードや摩耗劣化モードの部位やパーツについては、動作時間が一定時間経過したもの、または一定動作回数に達したものは、故障する前に予防的に更新するようにして保全します。

　予防保全は、まだ故障しないで使えるはずの部位やパーツも、時間や回数がくれば予防的に更新するやり方です。そのため、予備品の寿命いっぱいを使い切らないことのムダ使いが生じるのはやむを得ないことです。

## ▶▶ 予知保全（CBM）

　機械設備が故障する前に、部位やパーツの経年劣化や摩耗劣化の状態などの健康状態を連続的に把握しておいて、状態が悪化したら悪い部位やパーツのみを更新するようにした保全方式で、**予知保全**または**CBM**（Condition Based Maintenance：状態基準保全）と呼ばれます。

　機械設備の健康状態を診るセンサーは、温度、電流（トルク）、圧力、流量、振動などがあり、これらセンサーからの情報を自動的に収集して、**傾向管理グラフ**（横軸に時間、縦軸に状態量）にして把握できるようにします。状態悪化の診断は従来、診断基準となる閾値を探す試行錯誤を行い、状態が閾値を超したら（閾値診断）保守をするというものでした。

　この状態悪化の診断が**AI**（人工知能）によってできるようになれば、予知保全（CBM）は完成の域に高められるでしょう。

　予知保全（CBM）では、機械設備の健康状態を常時連続的に把握しているので、突然の故障（偶発故障モードの部位を除く）の心配なく、安心して使いながら、かつ故障になる直前を見計らって、計画的に保全ができるところが大きな利点です。また、部位やパーツの限界近くまでを使い切ることができるので、予備品のムダも無くすことができます。

**保全方式（10-2-1）**

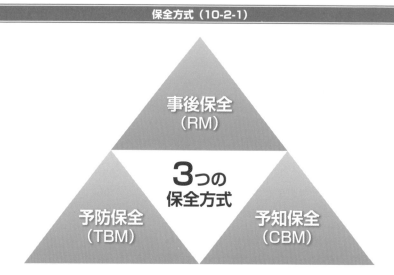

## 撚線加工工場の省力やりすぎ──変革の種⑫

　H工場は、自動車のタイヤに使われる撚線の加工工場です。この工場には、伸線機、撚線機、巻取機など500台以上の自動化機械があります。これらの機械の平均稼働率は、30％に届かない異常に低い数字でした。

　この工場でも、多品種少ロット生産を余儀なくされています。需要は伸びていて、生産能力増強のために新たな機械を近いうちに導入する設備投資が検討されていました。それを待ってもらって、とりあえず500台のうちの50台に稼働管理システムを導入して、非稼働分析をしました。その結果、非稼働パレート図において飛び抜けた1位は「ヒト待ち」でした。ヒト待ちとは、機械は仕事を終えているのに、ヒトが段取りに来てくれないから、非稼働になったままになっているという状態です。

　多品種小ロット生産で段取り回数が急増しているのに、段取りをするヒトは増やさずに、機械ばかりを導入してきた結果、機械の稼働率が異常に低くなっていたのです。段取り時間の短縮改善と、わずかなヒトの増員の結果、30％以上の稼働率の改善があって、増益になるとともに設備投資の必要も無くなりました。

# 10-3
# 保全計画の作成

保全方式には、事後保全、予防保全（時間基準保全）、予知保全（状態基準保全）の3つがあります。機械設備の重要度に応じて、どの保全にするかを決める保全計画から取り組まなければなりません。

## ▶▶ 保全計画の概要

保全の業務革新は**保全計画**の作成から始めるべきです。保全計画では、保有する機械設備のすべてを部位別にリストアップし、各機械設備の**重要度**の評価を行って、工場の生産を停止させるリスクの高いものほど重要度が高いとします。そして、3つある保全の方式（事後保全、予防保全、予知保全）のうちから最適なものを選択したり、または**多重系化**を決めたりします。

## ▶▶ 保全計画の作り方

保全計画の作り方は、次の通りです。

### ①機械設備のリストアップ

数年に1回でも使う可能性のある機械設備はすべてリストアップし、機械設備の保全の部位ごとに重要度評価と保全計画を行います。

### ②設備重要度評価表の作成

重要度評価方式の1つとして、**FMEA**（Failure Mode & Effect Analysis：故障モードとその影響の解析）があります。これは当該設備が故障した時の影響を考えてみて、工場の生産停止につながるものは重要度が高いとして評価するものです。機械設備の部位ごとにその故障モードを想定し、それぞれの故障モードが起こった時の影響の波及が大きくて、工場全体の生産停止にまで及ぶものが最重要です。影響の波及が、「職場全体を生産停止に」「生産ラインを生産停止に」、ま

第10章 保全業務の変革──DX化のテーマ⑤

たは「工程の生産停止に」のような順に重要度が高いとの評価を行います。

また、別の重要度評価として、生産を停めたときの損失額から評価する方法もあります。故障のモードごとにMTBF（平均故障間隔）とMTTR（平均修復時間）のデータを基に、生産の損失額を算出することもあります。

**設備重要度評価表（10-3-1）**

| 設備重要度評価表 | | | | | | | |
|---|---|---|---|---|---|---|---|
| 設備 | 部位 | 機能不全モード | 影響と波及効果 | 故障間隔（MTBF） | 復旧時間（MTTR） | 重要度（損失） | 保全対応 |
|  |  |  |  |  |  |  |  |
|  |  |  |  |  |  |  |  |
|  |  |  |  |  |  |  |  |
|  |  |  |  |  |  |  |  |
|  |  |  |  |  |  |  |  |
|  |  |  |  |  |  |  |  |

### ③保全計画表

設備重要度評価表を基にして、機械設備の部位ごとに重要度の高いもの、またはメーカーに修復を依頼するなどMTTR（平均修復時間）のかかる機械設備については、2重系以上の多重化の対策が不可欠です。

そして、上記の多重化の対策がなされたとして、重要度を考慮して、上記3つの保全方式を選択して決定します。

出来上がった保全計画表を見てみれば、次のようになっているはずです。

①重要設備の部位は予知保全とする。

②高価な設備の部位も予知保全とする。

③重要設備でも多重化されたものは予防保全でも可とする。

④単機能で安い設備（例：換気扇）や部位は予防保全とする。

⑤単機能で安い設備でも複数化してあれば、事後保全でも可とする。

⑥デジタルの制御装置は事後保全しかできない。

　このようにして保全計画が固まったら、それぞれの保全方式に必要な支援システムを構築して、保全の業務革新に取り組むようにすればよいことになります。

# 板金加工工場のクレーム件数削減——変革の種⑬

　C工場は、制御装置の筐体などのアルミやステンレスの精密板金加工の工場で、試作品から量産までを行っています。特に、試作品を短期間で納める点で顧客の信頼を得ていますが、残念なことに時々クレームを出しては叱られることがあります。そして、この数年間クレーム発生件数が一向に減りません。どうすればいいのでしょうか。

　クレームを減らすには、日常発生している不良や異常を一つ一つ丁寧に止める対策が必要です。現場から不良や異常の発生が減っていけば、その結果としてクレームが減っていくのです。不良や異常への対策は、同様のことが二度と起こらないところまで及んでいなければなりません。

　そこでC工場は、レーザー加工機、プレス機械、溶接機などの加工機械について、稼働管理システムの非稼働理由から、異常や不良の発生を自動的にリストアップさせるようにしました。そして、毎日の発生した不良や異常の一つ一つについて、二度と起こらない対策（変えること）を週に1個ずつ実施していきました。こうして1年間で約50個の対策がなされたころには、目に見えてクレーム件数は減っていったのです。

第10章　保全業務の変革——DX化のテーマ⑤

# 10-4
# 事後保全のリスクに対応

事後保全の場合、故障の発生がいつ、どこで起こるかわからないので、いつも故障発生に備えていなければなりません。そして、故障が発生したら、故障の発生の瞬時把握と短時間修復が重要です。

## ▶▶ 事後保全のリスク

保全計画で、事後保全とされた機械設備については、その重要度が低いか、または複数化された機械設備のはずです（デジタルの制御装置は事後保全）。それでも次のようなリスクがあるので、その備えがなされていなくてはなりません。

①故障がいつ、どこで起こるかわからないリスク

⇒消防署と同じで即応体制が不可欠

②故障が発生しても、わからないと暴走のリスク

⇒故障検知装置または自己故障診断機能の必要性：事後保全の機械設備には、故障検知されるようになっていなければならない。故障検知できない機械設備は事後保全でも使えない。

③修復が長期化した時の2重、3重故障の可能性リスク

⇒短時間修復の必要性：短時間修復のためには、予備品の在庫があること、交換時間がかからないこと。これができない場合は、予防保全に変更しておくこと。

④故障と異常を切り分けしないリスク

⇒故障は保守だが、異常はリセットを対策する：センサーの故障は検知装置や自己故障診断機能で保守し、センサー異常（誤動作）のリカバリー対策として、シーケンスに自動リセットを組み込むなどをする。

## ▶▶ 事後保全の必要事項

### ①故障検知

事後保全の場合に必要なものは、**自己故障診断機能**を持った機械設備であることが前提となります。これの無い機械設備は、**故障検知装置**や**故障発報装置**を付加する必要があります。

故障検知されたらすぐに保全するのが事後保全ですから、故障検知の無い機械設備は事後保全できません。また、故障しているのにわからないわけですから、二重故障や三重故障という重大故障に発展しかねません。

### ②故障の記録

故障が検知されたら、故障の記録が残されなければなりません。これには、どの部位がいつ故障したかの情報のみならず、故障発生時の運転状況の情報も必要です。後に、故障対策または再発防止対策を行うときに必要です。また、故障の記録データから、故障率やMTBFが算定できます。

### ③異常の記録

故障と異常が仕分けられ、異常発生についても記録が残されなければなりません。これも異常の再発防止対策に必要です。異常の中には誤動作も含まれますが、特にセンサーの誤動作については対策が必要です。

### ④短時間修復

事後保全である限り、短時間修復の組織体制を持たざるを得ないので、費用がかかります。次に、予備品の在庫とその在庫管理の厳密性が無ければなりません。在庫の欠品は短時間修復を不可能にしてしまいます。さらに、保守が容易な機構や構造になっていなければなりません。そして、デジタルの制御装置はトレイの交換でできるようにしておかなければなりません。

### ⑤修復の記録

修復が終わったら、修復の内容とともに、修復にかかった時間や工数（人数×

時間）の記録が必要です。

修復の記録データはMTTR（平均修復時間）の算定に用います。

## ▶▶ 事後保全システム

上記の必要事項を加味した事後保全の支援システムは、**図10-4-1**のようになります。

これによって、保全員の業務は、事後保全の機械設備を保全できるようになります。

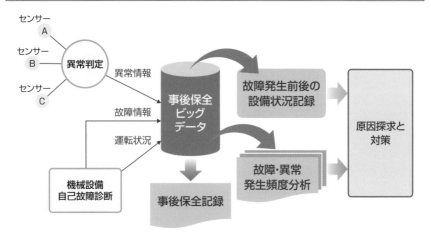

**IoTによる事後保全システム機能図（10-4-1）**

# 10-5
# 予防保全(TBM)の実現

予防保全（TBM：時間基準保全）は、所定の稼働時間や動作回数に達した機械設備の部位がまだ壊れてなくても、予防的に保守するようにして保全する方法です。

## ▶▶ 予防保全（TBM）方式

機械設備が故障する前に、一定時間働いた機械設備の部位やパーツを予防的に更新するようにした保全方式で、**TBM**（Time Based Maintenance：時間基準保全）とも呼ばれます。

機械設備の大部分の部位やパーツの故障モードは、**経年劣化モード**または**摩耗劣化モード**ですが、一部の部位やパーツは例外で、前述のデジタル制御装置は**偶発故障モード**であり、支持機構やフレーム枠などは故障モードなしです。

経年劣化モードや摩耗劣化モードの部位やパーツについては、動作時間が一定時間経過したものや一定動作回数に達したものは、故障する前に予防的に更新するようにして保全します。一定時間の目安となるものが、MTBF（Mean Time Between Failure：平均故障間隔）です。このMTBFは動作時間を故障回数で割ったもので、故障と故障の間の平均の間隔時間です。

## ▶▶ 予防保全の進め方

### ①動作時間、回数のセンサー探し

機械設備の部位ごとに、動作時間または動作回数を表すセンサーを探すことから始めます。機械設備のエンジンやモーターの動作中を表すセンサーから動作時間のデータを採るか、または、機械設備の制御装置から動作時間や動作回数のデータをもらうようにします。

### ②時間基準の決め方。

当初の時間基準は、過去の故障履歴から**MTBF**（平均故障間隔）を算出し、こ

第10章 保全業務の変革──DX化のテーマ⑤

215

れを時間基準として始めます。ただし、予防保全の目的は故障になる前に保守することですから、時間基準は平均故障間隔ではなく、最終的には最短故障間隔にするべきです。

　また、厳密に言えば、劣化や摩耗は機械設備にかかる負荷の大きさや速度によって変わるので、機械設備の運転状態の情報を加味して決められなければなりません。

### ③時間基準保全のプログラム

　動作時間または動作回数を積算し、保全直後からの累積データを得て、これを基準値と比較し、累積データが**基準値**に達したら予防保全を知らせます。

　また、累積データは常時見ることができるようにしておいて、予防保全時期が近付いていることもわかるようにします。

### ④予備品の限界を見極めます。

　予防保全では、予備品の使い切りができないムダがあります。そこで、予備品の限界動作時間、動作回数の見極めが必要であり、そのために累積データが役立ちます。

　このように、予備品の限界から時間基準値の見直しをかけることもあります。

### ⑤時間基準値の見直し

　時間基準値を見直して最短故障間隔に近づけていきます。または予備品の使用限界値から時間基準値の見直しを行います。

## ▶▶ 予防保全の支援システム

　予防保全の進め方に従って、予防保全の支援システムは**図10-5-1**のようなシステムになります。

　保全員の業務は、毎日の累計データがわかるので保全の時期を想定しながら、計画的に予防保全ができます。そして、突然の故障で保全することはまれになり、時間基準値の見直しや予備品の限界を見極めるなど、高度な仕事に使える時間が取れるように業務の変革ができます。

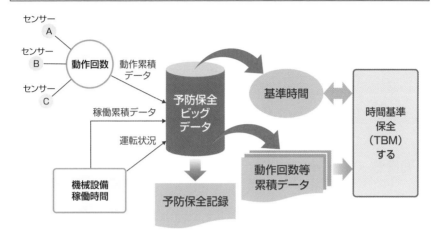

**IoTによる予防保全システム機能図（10-5-1）**

## 塗装工場の状態保全（CBM）── 変革の種⑭

　K工場は、自動車メーカーの組立工場です。自動車のボディの塗装ラインは、ハンガーコンベア、移載機、リフターなどの機械からなる長い搬送ラインと、いくつかの塗装ブースから構成されます。

　状態保全システムでは、約300点の機械設備の健康状態を表すセンサーを拾い出しました。そして、1センサー1画面の傾向管理グラフを自動作図させます。傾向管理グラフにおいて閾値判定によって状態悪化を判定して、それを音声にして無線で保全マンに点検や保守を促すシステムにしました。

　このシステムの運用の結果、①「保全マンのマインドが変わった」、②「システムダウンが10分の1に減った」、③「機械設備の健康状態が見えるので安心していられる」、④「計画的な保全によって工数低減できた」、⑤「予備品の在庫削減が実現した」、⑥「省エネの方策が見つかった」などの変革メリットを獲得できました。

# 10-6

# 予知保全(CBM)の追究

予知保全（CBM：状態基準保全）は、機械設備の健康状態を連続的に把握しながら、健康状態が悪化したら、悪化の部位だけを保守するようにした保全方式です。AIによって総合診断できれば、予知保全技術は完成の域に高められます。

## ▶▶ 予知保全（CBM）方式

機械設備が故障する前に、部位やパーツの経年劣化や、摩耗劣化の状態などの健康状態を連続的に把握しておきます。そして健康状態が悪化したら、悪い部位やパーツのみを更新するようにした保全方式で、**CBM**（Condition Based Maintenance：状態基準保全）と呼ばれます。

## ▶▶ POPによる予知保全システム

従来の予知保全を支援するシステムは、POPシステムを用いて行われてきました。機械設備の健康状態を診るセンサーは、温度、電流（トルク）、圧力、流量、振動などがあり、これらセンサーからの情報を自動的に採取して、1センサーで1画面の**傾向管理グラフ**（横軸に時間、縦軸に状態量）を自動作画して、健康状態を把握できるようにします。健康状態悪化の診断は、従来は診断基準となる**閾値**を探す試行錯誤が行われていて、健康状態が閾値を超したら（閾値診断）保守を指示するというものでした。これによって、保全業務に大きな変化をもたらすことができましたが、機械設備の健康診断の域までは到達できていません。

218

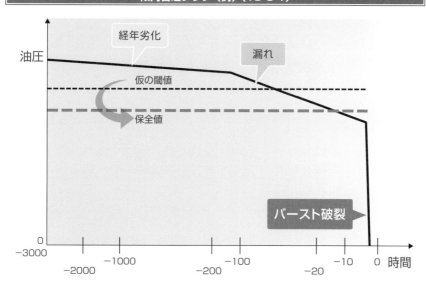

傾向管理グラフ（例）（10-6-1）

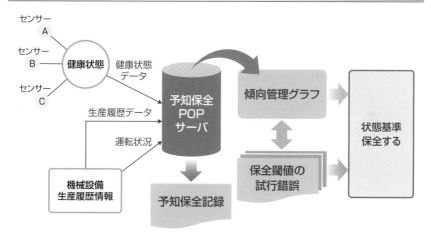

POPによる予知保全システム機能図（10-6-2）

## ▶▶ 新しい予知保全の進め方

### ①健康状態センサー探し

　機械設備の健康状態を診るセンサーは、温度、電流、圧力、流量、振動、液面レベルなどのアナログ信号のものや、オンとオフを繰り返すデジタル信号もあります。

### ②傾向管理グラフ

　健康状態を把握するためのグラフで、横軸に対数目盛の時間、縦軸に健康状態量としたもので、前回の保守から現在までの健康状態がグラフの傾向で見て取れるものです。

### ③総合予知診断

　従来は健康悪化をセンサーごとの閾値で判定するものでしたが、いくつかのセンサーの変化を総合的に診て診断するようにします。また、AI（Artificial Intelligence：人工知能）による診断を追究します。

### ④予知保全のメリット

　予知保全にすれば、健康状態が見えているので、安心していられるのみならず、状態の悪化した部位のみを計画的に保守できるので、少人数の保全員で済みます。また、予備品を使い切るので、予備品の消費を低く抑えることができます。ある試算によれば、予防保全に比べて、予知保全は30%以上の保全費を低減できると言われています。

## ▶▶ 予知保全システム

　今後の予知保全システムは、IoT、AI技術を用いて、図10-6-3に示すようなシステムになります。

　機械設備の健康状態を表すいくつかのセンサーからの情報と、当該機械設備の運転状況の情報を採取し、インターネットを介して収集して、サーバにおいてビッグデータ（濃密で詳細なデータの集合体）を作ります。そして、傾向管理グラフ

によって健康の現状把握をしながら、ビッグデータの分析によって機械設備を**総合予知診断**して、保守の必要になった部位を特定して知らせるようにして、少人数での計画的な保守を可能にするものです。

　また、この機械設備の総合予知診断にAIの適用等が考えられ、より正確で精密な診断ができるようになることが期待されます。

　予知保全システムを使っての保全員の業務は、**機械設備の健康医**としての保全業務に取り組むことができて、そのマインドも向上します。

## IoTによる予知保全システム機能図（10-6-3）

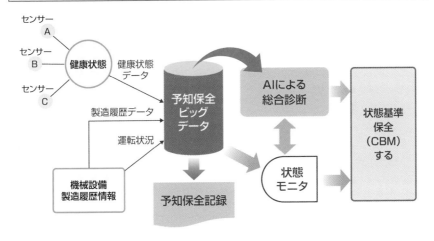

# おわりに

　工場の心臓部は製造現場ですが、その製造現場の実態は多品種・小ロット・短期間生産によって変化していて、詳細な現在の実態を知らずに工場の変革を語ることはできません。

　そこで、製造現場の実態を知るために、たとえば個別実績原価の原単位データをIoT（モノのインターネット）によって自動採取して、集めたビッグデータを見てみれば、その実態がクリアに見えてきます。

　原材料使用量のデータからは原材料の使われ方が、作業工数のデータからは作業者の働きぶりが、機械占有時間のデータからは機械の使いこなしが、そしてその他の変動項目（電気代、梱包資材費等）のデータからは当該項目の使われ方がわかってきます。

　また、製造現場のムリ・ムラ・ムダもデータによって顕在化できます。そして、作業が中断した時の中断理由からは、製造現場の生産を支援している仕組み（組織、体制、制度等）が製造現場の生産性の足を引っ張っていることまで明白化できるわけです。

　しかし、実態がわかったらといって、そこから原因がわかり、解決策までたどり着ければよいのですが、そのようにうまくいくものばかりではないでしょう。いくつかの原因が絡み合ったものに対して、その主体的な原因を突きとめるような場合には、AI（人工知能）の技術が使えるようになってきたので、これを活用して真の原因に迫ることができれば、解決できると思います。

　著者がPOPシステムによって、現場の実態を把握し、ムリ・ムラ・ムダの改善をすすめて、工場の変革の片隅をご支援できてきたことは幸いでした。しかし、まだ工場には多くの課題が解決されないままになっていて、今後のDX（デジタル変革）を待っています。この本がその変革の火種となることを願っています。

　なお、本著の執筆にあたって、株式会社秀和システム編集部にたいへんお世話になりましたので、紙面を借りて御礼申し上げます。

・玉木欣也著『戦略的生産システム』白桃書房

・M・ハマー、J・チャンピ―著『リエンジニアリング革命』日本経済新聞社

・樋口節夫著『クライアント/サーバ・コンピューティング』オーム社

・平野裕之著『在庫管理の実際』日本経済新聞社

・谷津 進著『品質管理の実際』日本経済新聞社

・野村智雄・竹俣耕一著『原価計算の進め方』日本実業出版社

・加藤豊・山本浩二著『原価計算の知識』日本経済新聞社

・天野幸春・川原泉・岩坪友義著『スーパー IE活用法』日刊工業新聞社

・山口俊之著『CIM時代のPOPシステム入門』オーム社

・山口俊之著『生産工場の基本と仕組みがよ〜くわかる本』秀和システム

・山口俊之著『利益を増大する攻めのコントロール管理法』日刊工業新聞社

・IoTビジネス研究会著『IoTビジネス最前線』技術評論社

・三菱総合研究所編『IoTまるわかり』日本経済新聞出版社

・日本経済新聞社編『AI2045』日本経済新聞出版社

・AIビジネス研究会著『AIビジネス最前線』技術評論社

# 索 引

## INDEX

### 数字・アルファベット

0次情報 ・・・・・・・・・・・・・・・・・・・・・・・ 134

1次情報 ・・・・・・・・・・・・・・・・・・・・・・・ 134

2次情報 ・・・・・・・・・・・・・・・・・・・・・・・ 134

3次元プリンタ ・・・・・・・・・・・・・・・・・・ 28

4W1H ・・・・・・・・・・ 75, 124, 126, 139

AI ・・・・・・・ 11, 28, 32, 91, 101, 110, 114, 207, 220

BPR ・・・・・・・・・・・・・・・・・・・・・・ 31, 194

CBM ・・・・・・・・・・・・・・・・・・・・・207, 218

DX ・・・・・・・・・・・・・・・・・ 11, 32, 110

DX推進会議 ・・・・・・・・・・・・・・・・・・・ 129

ERP ・・・・・・・・・・・・・・・・・・・・・ 31, 198

FMEA ・・・・・・・・・・・・・・・・・・・・・・・ 209

ICT ・・・・・・・・・・・・・・・・・・・・・・・・・・・ 11

IE ・・・・・・・・・・・・・・・・・・・・・・・・・・・ 13

IoT ・・・・・・ 11, 32, 91, 101, 110, 112, 126, 129, 150

ISO-9000の認証 ・・・・・・・・・・・・・73, 75

MRP ・・・・・・・・・・・・・・・・・・・・・・・・・・ 30

MTBF ・・・・・・・・・・・・・・・・・・・210, 215

MTTR ・・・・・・・・・・・・・・・・・・・・・・ 210

PDCA ・・・・・・・・・・・・・・・・・・・・・・・・ 19

POP ・・・・・・・・・・・・・・・・・・・・・・・・・ 133

RFID ・・・・・・・・・・・・・・・・・・・・・・・ 180

RFIDのタグ ・・・・・・・・・・・・・・・・・・・ 144

TBM ・・・・・・・・・・・・・・・・・・・・・206, 215

TQC ・・・・・・・・・・・・・・・・・・・・・・・・・ 73

VA ・・・・・・・・・・・・・・・・・・・・・・・・・・・ 13

### あ行

安定期・・・・・・・・・・・・・・・・・・・・・・・・ 202

異常・・・・・・・・・・・・・・・・・・・・・・・・・38, 49

一般需要者・・・・・・・・・・・・・・・・・・・・24, 27

インターネット・・・・・・・・・・・・・・・・・・ 127

インダストリー 4.0 ・・・・・・・・・・・・・・・28

営業マーケティング戦略・・・・・・・・・・・・84

営業利益・・・・・・・・・・・・・・・・・・・・・・・ 13

### か行

改善・・・・・・・・・・・・・・・・・・・・・・・・・・ 148

改善カード・・・・・・・・・・・・・・・・・・・・・ 151

改善のサイクル・・・・・・・・・・・・・・・ 36, 108

外乱・・・・・・・・・・・・・・・・・・・・・・・・・38, 94

稼働時間・・・・・・・・・・・・・・・・・・・・・・・ 158

カネ資源・・・・・・・・・・・・・・・・・・・・・・・ 11

カネの前払い制度・・・・・・・・・・・・・・・・・44

考える工場・・・・・・・・・・・・・・・・・・・・・・29

管理運用の革新戦略・・・・・・・・・・・85, 86

管理利益・・・・・・・・・・・・・・・・・・・・・・・ 14

機械設備の健康医・・・・・・・・・・・・・・・・ 221

機械占有時間・・・・・・・・・・・・ 77, 81, 154

機会損失 ・・・・・・・・・・・・・・・・・・・・・・47, 74

機械の占有時間 ・・・・・・・・・・・・・・・・・ 123

基幹統合 ・・・・・・・・・・・・・・・・・・・・・・・・31

基準値 ・・・・・・・・・・・・・・・・・・・・・・・ 216

規定 ・・・・・・・・・・・・・・・・・・・・・・・・・・50

基本データ ・・・・・・・・・・・・・・・・・・・・ 192

業務階層 ・・・・・・・・・・・・・・・・・・・・・・ 195

業務革新 ・・・・・・・・・・・・・・・・・・・・・・・・31

偶発故障モード ・・・・・・・・・・・・・・・・・・ 215

グループウェア ・・・・・・・・・・・・・・ 31, 198

クレーム ・・・・・・・・・・・・・・・・・・・ 49, 118

経営資源 ・・・・・・・・・・・・・・・・・・・・・・・・11

計画のガントチャート ・・・・・・・・・・・・・ 145

傾向管理グラフ ・・・・・・・・・・・・・・・207, 218

経年劣化モード ・・・・・・・・・・・・・・・・・・ 215

原価 ・・・・・・・・・・・・・・・・・・・・・・・・42, 54

健康管理者 ・・・・・・・・・・・・・・・・・・・・ 204

原材料在庫 ・・・・・・・・・・・・・・・・・・・・・・63

原材料使用量 ・・・・・・・ 77, 80, 123, 154

原単位 ・・・・・・・・・・・・・・・・・・・・・・77, 80

現場端末器 ・・・・・・・・・・・・・・・・・・・・ 127

工場の3計画 ・・・・・・・・・・・・・・・・・・・・62

工場の生産性 ・・・・・・・・・・・・・・・・・・ 118

工数時間 ・・・・・・・・・・・・・・・・・・・・・・・46

工程間滞留時間 ・・・・・・・・・・・・・・・・・ 162

工程間滞留の理由 ・・・・・・・・・・・・・・・・90

工程間滞留理由 ・・・・・・・・・・・・・・・・・ 168

工程間同期計画 ・・・・・・・ 22, 61, 68, 181

工程順 ・・・・・・・・・・・・・・・・・・・・・・・・50

工程進捗 ・・・・・・・・・・・ 22, 68, 175, 181

工程内時間 ・・・・・・・・・・・・・・・・・・・・ 162

故障検知装置 ・・・・・・・・・・・・・・・・・・ 213

故障発報装置 ・・・・・・・・・・・・・・・・・・ 213

故障モード ・・・・・・・・・・・・・・・・・・・・ 206

故障率 ・・・・・・・・・・・・・・・・・・・・・・・ 202

コスト競争力戦略 ・・・・・・・・・・・・・・・・・84

コストダウン ・・・・・・・・・・ 123, 148, 191

個別実績原価 ・・・・・・・・・・・・・・・・・・・80

個別実績原価管理 ・・・・・・・・・・・・ 23, 148

コントロール ・・・・・・・・・・・・・・・・・・・・18

コントロール・サイクル ・・・・・・・・・・・・19

コントロール管理 ・・・・・・・ 58, 101, 172

## さ行

在庫はカネが支払われた証 ・・・・・・・・・・・44

作業工数 ・・・・・・・・・・・・・・・・・・・・・77, 80

作業工数時間 ・・・・・・・・・・・・・・・・・・ 154

作業者の工数 ・・・・・・・・・・・・・・・・・・ 123

作業進捗 ・・・・・・・・・・・・・・・ 53, 69, 182

作業中断の理由 ・・・・・・・・・・・・・・・・・・90

作業中断理由 ・・・・・・・・・・・・・・・・・・ 165

作業の手順 ・・・・・・・・・・・・・・・・・・・・・50

作業の目標値 ・・・・・・・・・・・・・・・・・・・54

差し立て計画 ・・・・ 22, 53, 61, 69, 102,
143, 138, 182

仕掛り在庫 ・・・・・・・・・・・・・・・・・・・・・63

時間稼働率 ・・・・・・・・・・・・・・・・・・96, 158

閾値 ・・・・・・・・・・・・・・・・・・・・・・・・ 218

仕組み・・・・・・・・・・・・・・・・・・・・・・・・・51
嗜好性需要・・・・・・・・・・・・・・・・・・・・・・・28
嗜好性需要者・・・・・・・・・・・・・・・・・・・・・25
自己故障診断機能・・・・・・・・・・・・・・・・213
事後保全・・・・・・・・・・・・・・・・・97, 206
仕込み生産・・・22, 101, 104, 148, 188
資材所要量計画・・・・・・・・・・・・・・・・30, 61
実在庫・・・・・・・・・・・・・・・・・・・・・・58, 64
実績原価・・・・・・・・・・・・・・・ 11, 17, 47
実績原価の活用戦略・・・・・・・・・・・・・・・123
実績工数・・・・・・・・・・・・・・・・・・151, 188
実績のタイムチャート・・・・・・・・・・・・・145
実態データ・・・・・・・・・・・・・・・・・・・・・148
実態把握・・・・・・・・・・・・・・・・・・・・・・・90
自動化・省力化・・・・・・・・・・・・・・・13, 85
自動化技術・・・・・・・・・・・・・・・・・・10, 85
自動日報作成・・・・・・・・・・・・・・・・・・・138
事務工数・・・・・・・・・・・・・・・・・・・・・・138
ジャスト・イン・タイム・・・・・・・・・・・・・28
終末故障期・・・・・・・・・・・・・・・・・・・・・202
重要度・・・・・・・・・・・・・・・・・・・・・・・・209
受注生産・・・・・21, 101, 104, 148, 188
需要の多様性・・・・・・・・・・・・・・・・・・・・28
詳細度・・・・・・・・・・・・・・・・・・・・・・・・195
商取引契約・・・・・・・・・・・・・・・・・・・・・・66
情報・・・・・・・・・・・・・・・・・・・・・・・・・195
ジョウホウ(情報)資源・・・・・・・・・・・・・・11
情報処理システム・・・・・・・・・・・・・・・112
情報の精度・・・・・・・・・・・・・・・・・・・・・172

情報のツール・・・・・・・・・・・・・・・・・・・・91
情報発生源・・・・・・・・・・・・・・・・・・・・・134
小ロット生産・・・・・・・・・・・・・・・・・・・・33
初期故障期・・・・・・・・・・・・・・・・・・・・・202
人工知能・・・・・・・・・・・・・・・・・・・・・・・32
新製品開発戦略・・・・・・・・・・・・・・・・・・84
新鮮度・・・・・・・・・・・・・・・・・・・・・・・・195
スループット・・・・・・・・・・・・・・・52, 190
生産資源計画・・・・・・・・・・・・・・・・・・・・61
生産実績の自動採取・・・・・・・・・・・・・・138
生産準備・・・・・・・・・・・・・・・・・・・・・・144
生産進捗データ・・・・・・・・・・・・・・・・・100
生産性・・・・・・・・・・・・・・・・・・・・・・・・52
生産能力・・・・・・・・・・・・・・・・・・・・・・175
生産能力データ・・・・・・・・・・・・・・・・・100
製造現場の実力・・・・・・・・・・・・・・・・・192
製造現場の情報化・・・・・・・・・・・・・・・140
製造対象物・・・・・・・・・・・・・・・・・・・・・33
製造番号・・・・・・・・・・・・・・・・・・・・・・・21
製造リードタイム・・・・・・・・37, 46, 162
製造履歴・・・・・75, 123, 139, 154, 185
性能稼働率・・・・・・・・・・・・・・・・96, 158
製番損益・・・・・・・・・・22, 101, 188, 191
製品在庫・・・・・・・・・・・・・・・・・・・・・・63
設備総合効率・・・・・・・・・・・・52, 96, 189
先行的需要者・・・・・・・・・・・・・・・・24, 27
占有時間・・・・・・・・・・・・・・・・・・・・・・46
総合予知診断・・・・・・・・・・・・・・・・・・・221

索
引

## た行

第1の利益 ・・・・・・・・・・・・・・・・・・・ 13

第2の利益 ・・・・・・・・・・・・・・・・・・・ 13

第3の利益 ・・・・・・・・・・・ 14, 82, 150

第4次産業革命 ・・・・・・・・・・・・・・・・ 28

体制 ・・・・・・・・・・・・・・・・・・・・・・・・ 51

大日程計画 ・・・・・・・・・・・・・・・・・・・ 61

多重系化 ・・・・・・・・・・・・・・・・・・・ 209

立ち上りロス ・・・・・・・・・・・・・・・・・ 33

多品種・小ロット・短期間生産

・・・・・・・・・ 33, 35, 42, 85, 117

多品種生産 ・・・・・・・・・・・・・・・・ 33, 38

多様性需要 ・・・・・・・・・・ 33, 41, 85, 87

多様性需要者 ・・・・・・・・・・・・・・・・・ 25

単価 ・・・・・・・・・・・・・・・・・・・・・・・・ 77

短期間生産 ・・・・・・・・・・・・・・・・・・・ 34

段取り時間 ・・・・・・・・・・・・・・・・・・ 158

段取りの時間 ・・・・・・・・・・・・・・・・・ 33

調達のリードタイム ・・・・・・・・・・・・ 42

直接費 ・・・・・・・・・・・・・・・・・・・・・・ 13

ディープラーニング ・・・・・・・・・・・・ 114

データ ・・・・・・・・・・・・・・・・・・・・・ 195

データ・サンプリング法 ・・・・・・ 36, 117

データのサンプリング手法 ・・・・・・・・ 148

出来高信号 ・・・・・・・・・・・・・・・・・・ 138

デジタル変革 ・・・・・・・・・・・・・・・・・ 32

統計的品質管理 ・・・・・・・・・・・・・ 72, 75

トヨタ生産システム ・・・・・・・・・・・・ 27

トレーサビリティ ・・・・・・・・・・・・・ 123

## な行

人工生産性 ・・・・・・・・・・・・・・・ 52, 189

納期 ・・・・・・・・・・ 11, 16, 42, 47, 54

納入トラブル ・・・・・・・・・・・・・・・・・ 66

## は行

非稼働時間 ・・・・・・・・・・・・・・・・・・ 158

非稼働理由 ・・・・・・・・・・・・・・ 90, 167

ビッグデータ

・・・・・・・ 101, 112, 124, 128, 185

ヒト資源 ・・・・・・・・・・・・・・・・・・・・ 11

標準工数時間 ・・・・・・・・・・・・・・・・ 175

標準時間データ ・・・・・・・・・・・・・・ 100

品質 ・・・・・・・・・・ 11, 17, 42, 47, 54

品質管理 ・・・・・・・・・・・・・・・・・・・・ 71

品質のデータ ・・・・・・・・・・・・・・・・ 185

品質保証 ・・・・・・・・・・・・・・・・・・・・ 73

負荷平準化計画 ・・・・・・・・・・・・・ 22, 30

歩留まり ・・・・・・・・・・・・・・・・・・・・ 80

部品表 ・・・・・・・・・・・・・・・・・・・・・ 21

不良 ・・・・・・・・・・・・・・・・・・・・・・・ 49

不良ロス ・・・・・・・・・・・・・・・・・ 47, 74

平準化機能 ・・・・・・・・・・・・・・・・・・ 175

平準化計画 ・・・・・・・・・・・・・・・・ 53, 61

ペーパー ・・・・・・・・・・・・・・・・・・・ 132

ペーパー作成 ・・・・・・・・・・・・・・・・ 133

変革推進 ・・・・・・・・・・・・・・・・・・・ 129

変革推進者 ・・・・・・・・・・・・・・・・・ 111

変革推進ビジョン ・・・・・・・・・・・・・ 123

索引

227

変動原単位・・・・・・・・・・・・・・ 77, 81, 123

変動原単位使用量・・・・・・・・・・・・・・・ 154

保守・・・・・・・・・・・・・・・・・・・・・・・・ 202

保全・・・・・・・・・・・・・・・・・・・・・・・・ 202

保全業務・・・・・・・・・・・・・・・・・・・・ 119

保全計画・・・・・・・・・・・・・・・・・・・・ 209

保全方式・・・・・・・・・・・・・・・・・・・・ 204

### ま行

マニア需要者・・・・・・・・・・・・・・・・・・24, 27

マニュアル・インプット・・・・・・117, 133

マネジメント・・・・・・・・・・・・・・・・・・・・ 18

マネジメント管理・・・・・・・・・・・・・・・ 101

マネジメント・サイクル・・・・・・・・・・・・ 18

摩耗劣化モード・・・・・・・・・・・・・・・・・ 215

ムリ・ムラ・ムダ・・・・ 14, 37, 104, 149

目標・・・・・・・・・・・・・・・・・・・・・・・・・93

目標工数・・・・・・・・・・・・・・・・・・・・ 151

目標在庫数・・・・・・・・・・・・・・・・・・58, 64

モノ資源・・・・・・・・・・・・・・・・・・・・・・ 11

モノのインターネット・・・・・・・・・・・・・・ 32

### や行

予知保全・・・・・・・・・・・・・・・・・・・ 97, 207

予防保全・・・・・・・・・・・・・・・・・・・ 97, 206

### ら行・わ行

リアルタイム・・・・・・・・・・・・・・・・172, 184

リアルタイム・モニタ・・・・・・・・・・・・ 144

良品率・・・・・・・・・・・・・・・・・・・・・・ 96, 158

ルール・・・・・・・・・・・・・・・・・・・・・・・・50

ロットの損益・・・・・・・・・・ 23, 188, 191

ロットの損益管理・・・・・・・・・・・・・・・ 101

ロット番号・・・・・・・・・・・・・・・・・ 22, 124

ワーク・・・・・・・・・・・・・・・・・・・・・・・・33

◆ 著者紹介

# 山口 俊之（やまぐち としゆき）

株式会社戦略情報センター POP 研究所所長

慶応義塾大学工学部電気工学科卒業。株式会社東芝入社、交通事業部府中工場にて新幹線電車のモニタリングシステムなどのシステム開発に従事。株式会社コンピュータ・テクニカに移り、POP（生産時点情報管理）の概念を創案発表し、その後全国 1,300以上の工場で POP システム開発を支援。株式会社戦略情報センターを起こし、POP研究所所長として、POP システムの構築支援とシステムから得られるデータを活用したコンサルティングで工場経営の革新や製造現場の改善を支援中。

主な著書は、『CIM 時代の POP システム入門』（オーム社）、『やさしい現場情報化のすすめ』（日本工業出版）、『第 4 のものづくり革命』（日本工業出版）、『生産工場の基本としくみがよくわかる本』（秀和システム）、『利益を増大させる攻めのコントロール管理法』（日刊工業新聞社）など。

Email：ty@sicenter.co.jp
URL　：http://www.sicenter.co.jp/pop

●注意
(1) 本書は著者が独自に調査した結果を出版したものです。
(2) 本書は内容について万全を期して作成いたしましたが、万一、ご不審な点や誤り、
　　記載漏れなどお気付きの点がありましたら、出版元まで書面にてご連絡ください。
(3) 本書の内容に関して運用した結果の影響については、上記 (2) 項にかかわらず責任
　　を負いかねます。あらかじめご了承ください。
(4) 本書の全部または一部について、出版元から文書による承諾を得ずに複製すること
　　は禁じられています。
(5) 本書に記載されているホームページのアドレスなどは、予告なく変更されることが
　　あります。
(6) 商標
　　本書に記載されている会社名、商品名などは一般に各社の商標または登録商標です。
　　なお、本文中には™、®を明記しておりません。

図解入門ビジネス
　　　　　ずかいにゅうもん

最新 生産工場のDXがよ〜くわかる本
さいしん　せいさんこうじょう　ディーエックス　　　　　　　　　　　ほん
[第2版]
だい　　はん

| 発行日 | 2023年　7月28日 | 第1版第1刷 |
| --- | --- | --- |

著　者　山口　俊之
　　　　やまぐち　としゆき

発行者　斉藤　和邦
発行所　株式会社 秀和システム
　　　　〒135-0016
　　　　東京都江東区東陽2-4-2　新宮ビル2F
　　　　Tel 03-6264-3105（販売）Fax 03-6264-3094
印刷所　三松堂印刷株式会社　　　　　Printed in Japan

ISBN978-4-7980-7082-7 C2034

定価はカバーに表示してあります。
乱丁本・落丁本はお取りかえいたします。
本書に関するご質問については、ご質問の内容と住所、氏名、
電話番号を明記のうえ、当社編集部宛FAXまたは書面にてお送
りください。お電話によるご質問は受け付けておりませんので
あらかじめご了承ください。